北京对外交流与外事管理研究基地丛书

城市国际交往与全球影响力建构

熊炜　欧亚◎编著

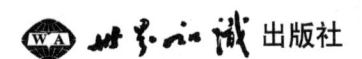

世界知识出版社

图书在版编目（CIP）数据

城市国际交往与全球影响力建构 / 熊炜, 欧亚编著.
北京：世界知识出版社, 2024. 12. -- ISBN 978-7
-5012-6867-2
Ⅰ. F299.21

中国国家版本馆CIP数据核字第20249BF254号

责任编辑	罗庆行
责任出版	李　斌
责任校对	陈可望

书　　名	城市国际交往与全球影响力建构
	Chengshi Guoji Jiaowang yu Quanqiu Yingxiangli Jiangou
编　　著	熊　炜　欧　亚
出版发行	世界知识出版社
地址邮编	北京市东城区干面胡同51号（100010）
电　　话	010-65233645（市场部）
网　　址	www.ishizhi.cn
印　　刷	北京虎彩文化传播有限公司
经　　销	新华书店
开本印张	710mm×1000mm　1/16　9⅜印张
字　　数	180千字
版次印次	2024年12月第一版　2024年12月第一次印刷
标准书号	ISBN 978-7-5012-6867-2
定　　价	76.00元

版权所有　侵权必究

前　言

世界城市之间的竞争正在成为 21 世纪国家间地缘政治经济竞争的重要方式之一。特别是自 2008 年全球金融危机爆发以来，在国际关系权力加速转移的同时，世界城市竞争出现新的变化趋势，纽约、伦敦、巴黎、东京虽然保持着世界顶级城市地位，但以北京、上海为代表的新兴国家城市正在集体性崛起，新兴世界城市的全球影响力日益上升。世界各国城市无不面临巨大竞争压力，需要规划和实施各种举措以提高各自的国际竞争力。在此情形下，扩大和深化城市国际交往成为世界各国城市发挥全球影响力的共同选择。

当今世界正经历"城市治理全球化"和"全球治理地方化"并行发展的趋势。世界上主要城市的快速发展都与全球化紧密相关，经济全球化和生产性服务业的快速增长是推动城市发展的根本动力。全球化推动信息、商品、资本、劳务、技术和思想观念在全球范围内以空前的规模和速度流动。传统的国际分工格局被打破，跨国公司在全球经济贸易活动中的作用大大增加，促成世界生产体系中新的结构性力量的崛起。国家作为独立的经济单元的重要性下降，而城市作为经济单元的重要性迅速上升。在全球化力量的驱动下，塑造各国经济的"国家"要素的重要性较以前有所下降，而城市的重要性越来越凸显。

在城市和地方层面，国际贸易、国际投资和国际旅游业迅猛发展，地方就业岗位前所未有地与经济全球化息息相关。在美国，超过 1200 万个工作岗位直接与出口相关，100 万人服务于国际旅游业，超过 700 万人在外资企业工作。加拿大 40% 以上的 GDP 来源于跨境贸易和直接投资，而欧洲很多国家的就业岗位与跨境活动相联系。许多本地商业都必须"走出去"，拓展业务和吸引投资，依赖企业和商业活动的税收和就业机会对城市经济社会发展都极其重要。因此，城市领导人需要直面经济全球化，鼓励本地企业和经济界进入国际市场，提供国际水平的基础设施和营商环境，以帮助企业参与国际竞争。

当下，城市借助先进的交通工具和信息交流手段，在沟通联络上不断加强，在范围上不断拓宽，客观上促成了不同地区及国家之间更加紧密的联系。光纤技术和互联网技术使信息可以在短时间内被传递到世界任何一个角落，让城市的触角伸向了更远的地方，令城市与城市紧密交织在一起。随着社会信息化的发展，城市已经成为各类网络体系的中心和节点。在这个巨大的网络体系中，不仅大城市和中心城市发挥着影响，而且成千上万的小城市因为相互联系而表现出新的特点。正如城市研究者布鲁格曼所指出的："地方事务不再只是地方的。持续不断的城市建设，尤其是过去半个世纪里的建设，已经创造出一个互联的全球性城市体系。个别城市的发展变化能够影响全球城市体系，地方上，甚至只是一个小镇的状况或事件，也都能放大为全球性事件，并加速全球趋势，这往往是国家、企业或国际组织无法驾驭的。最为重要的是，全球化建立在世界不断增加的城市的基础之上，并因这些城市特定的设计、价值观和程序的不同而有所不同，这些城市在新兴的全球城市体系中以无数种未知的方式进行互动。"

与此同时，全球化带来的全球性问题和各种负面效应也集聚在城市与地方层面。解决全球性问题必须依靠世界各国人民的合作，"全球思考，当地行动"的口号逐渐为人们所接受。从城市应对金融危机、气候变化、流行病和移民等全球性问题努力的角度来看，加强城市之间的合作和应对城市治理难题越来越成为世界主要城市的政策选择。总的发展趋势是，城市治理将不再局限于地方事务，而是越来越多地涉及国际交往的议题。[1]因此，世界各国城市加强国际交往既是全球化带来的结构性压力的必然结果，也是城市增强竞争力和促进自身发展的内在需求。

随着改革开放的持续推进与社会经济的快速发展，中国与世界其他国家和地区在政治、经济、文化、科技、环境等各个领域的联系、互动与影响不断加深。在这一进程中，我国"多主体、多维度、网络状"的城市国际交往成为推进中国特色大国外交和发挥全球影响力的重要支点。在此背景下，对城市国际

---

[1] 张玥：《变革的国际秩序中的城市治理》，载熊炜主编《变革中的国际秩序与城市外交》，时事出版社，2019，第3—10页。

前言

交往的普遍规律进行研究，探讨当今世界的全球城市如何通过国际交往发挥全球影响力和提升城市竞争力，对我国城市开拓具有中国特色、中国气派、中国风格的世界城市成长之路，在世界城市治理和发展中发挥引领作用具有重要的理论和实践意义。

我们的研究专注于城市国际交往建设如何促进自身全球影响力建构这一主题。在理论概念和分析框架方面，我们运用历史唯物主义关于交往概念的观点，对城市国际交往的内涵和实质进行分析，进而将城市的全球影响力分为结构性影响力、关系性影响力和塑造性影响力三个维度进行考量，尝试建立城市与国际秩序转型相互建构的分析框架。本研究认为，城市国际交往能够在多大程度上发挥全球影响力、影响国际秩序转型取决于四个方面的能力：一是作为经济行动者，参与改变全球生产过程的能力；二是作为政治行动者，参与政治决策和活动的能力；三是作为社会行动者，联合其他社会行为体采取联合行动的能力；四是作为文化行动者，塑造全球治理规范和价值观的能力。在案例分析部分，我们选取伦敦、纽约、巴黎和东京这四个具有代表性的全球顶级城市作为具体案例进行研究，梳理和分析了这些城市是如何通过推进国际交往来建构其全球影响力的。最后，本研究总结归纳了全球顶级城市推动国际交往和建构全球影响力具有的十个共同特点，这些特点包含了城市建构全球影响力的核心要素，各要素之间相互联系、相辅相成，构成了一个完整的城市通过国际交往建构全球影响力的体系。

本书是外交学院北京对外交流与外事管理研究基地支持出版的系列丛书之一。熊炜负责全书的框架设计并撰写前言、第一章和结语部分，中国社会科学院欧洲研究所博士后、外交学院博士姜昊撰写了第二章，复旦大学国际关系与公共事务学院博士生刘星瑞撰写了第三章，山西农业大学马克思主义学院讲师、外交学院博士边敏嘉和中国消防救援学院政治工作系讲师邹雨佳撰写了第四章，北京市西城区委党校科研室副主任、外交学院硕士解天聪撰写了第五章，欧亚负责全书统稿。世界知识出版社的编辑对书稿进行了认真的审校，提出许多建设性意见，为本书增色不少。

熊　炜

2024 年 8 月

目 录

第一章　理论概念与分析框架 ·· 001
　第一节　城市国际交往 ··· 001
　第二节　城市全球影响力 ·· 005
　第三节　城市—国际体系相互建构 ··· 009

第二章　伦敦城市国际交往与全球影响力建构 ························ 015
　第一节　伦敦的发展历程 ·· 017
　第二节　伦敦城市国际交往的多维表现 ··································· 024
　第三节　伦敦的全球影响力建构 ·· 039
　第四节　案例分析 ··· 044

第三章　纽约城市国际交往与全球影响力建构 ························ 058
　第一节　纽约的发展历程 ·· 058
　第二节　纽约城市国际交往的多维表现 ··································· 059
　第三节　纽约的全球影响力建构 ·· 068
　第四节　案例分析 ··· 070

第四章　巴黎城市国际交往与全球影响力建构 ························ 083
　第一节　巴黎的发展历程 ·· 083
　第二节　巴黎城市国际交往的多维表现 ··································· 087
　第三节　巴黎的全球影响力建构 ·· 096
　第四节　案例分析 ··· 106

第五章　东京城市国际交往与全球影响力建构 ……………………… 112
　第一节　东京的发展历程 …………………………………………… 112
　第二节　东京城市国际交往的多维表现 …………………………… 113
　第三节　东京的全球影响力建构 …………………………………… 124
　第四节　案例分析 …………………………………………………… 126

结　语 ………………………………………………………………… 133

第一章　理论概念与分析框架

第一节　城市国际交往

城市国际交往经常被当作一个不言自明的概念而使用，在很多情况下，人们将其等同于城市的国际交流行为。例如，有学者指出，城市国际交往是指城市（区域）与其他国家的城市（区域）在政治、经济、文化、科技、教育、娱乐等方面进行交流和学习，用以维持国家之间、城市（区域）之间、国家和城市（区域）之间的友好关系，促进国家和城市（区域）的经济、文化、科学、教育发展的行为。[①] 然而，如果要进一步深入分析城市国际交往实践，我们不仅需要描述城市国际交往的形式，而且要理解城市国际交往概念的范畴与内涵，回答诸如城市国际交往的主体到底是谁、城市本身是否就能够成为国际交往的主体、城市为何要进行国际交往、城市国际交往的实质性内容是什么、城市国际交往的普遍性意义是什么等问题。而对这些问题的回答，我们首先要从交往概念入手，理解交往行为本身的特殊性，把握交往从本质上是如何区别于交流的。

事实上，在历史唯物主义的理论体系中，交往概念本身具有十分丰富和深刻的内涵，远非普通意义上的交流可比。通过研读马克思、恩格斯关于交往理论的经典论述，我们可以对如何理解城市国际交往得到有益的启发。关于交往的内涵，马克思曾如此阐述："为了不致丧失已经取得的成果，为了不致失掉文明的果实，人们在他们的交往方式不再适合于既得的生产力时，就不得不改变他们继承下来的一切社会形式。例如各种特权、行会和公会的制度、中世纪的全部规则，曾是唯一适合于既得的生产力和产生这些制度的先前存在的社会状况的社会关系……人们借以进行生产、消费和交换的经济形式是暂时的和历史性的形式。随着新的生产力的获得，人们便改变自己的生产方式，而随着生

[①] 张杰：《特大城市中心城区国际交往功能提升研究》，吉林出版集团，2016，第3页。

产方式的改变,他们便改变所有不过是这一特定生产方式的必然关系的经济关系。"在马克思的这一论述中,交往也与日常生活中的交流、交际或社会生活中的交通、交换、交易具有相同的意思,即德文中"Verkehr"一词的含义,但马克思使用的交往概念还有特定的含义。在马克思看来,交往与生产力密切相关,是人们适应生产力的一定状况而建立的生产、消费和交换的经济形式,是作为"特定生产方式的必然关系的经济关系"。而且,马克思使用的"交往"与社会关系、社会制度密切相关:"社会——不管其形式如何——究竟是什么呢?是人们交互作用的产物……在人们的生产力发展的一定状况下,就会有一定的交换(commerce)和消费形式。在生产、交换和消费发展的一定阶段上,就会有一定的社会制度、一定的家庭、等级或阶级组织。"[1]因此,交往的内涵除了交往形式,最重要的是交往关系。"交往关系指人们在具体的交往活动中结成的关系。人们通过一定的方式进行交往,形成一定的交往关系;交往关系形成后又反过来规定着人们以何种方式进行交往。交往活动产生于生产活动,生产活动和交往活动又必须借助于一定的规范才能进行,这就需要交往关系制度化。"[2]

交往概念在历史唯物主义理论体系中具有重要作用,是马克思"世界历史"理论的基石。"一部世界史,就是人类文明的'交往'史。从'交往'到'交往的扩大',再到'世界普遍交往',标志着'历史'突破狭隘的、孤立的'地域历史'向'世界历史'转变的轨迹"。[3]马克思和恩格斯认为,"各个相互影响的活动范围在这个发展进程中越是扩大,各民族的原始封闭状态由于日益完善的生产方式、交往以及因交往而自然形成的不同民族之间的分工消灭得越是彻底,历史也就越是成为世界历史"。[4]

关于世界历史的发展过程,马克思和恩格斯划分了三个阶段。第一个阶段的标志是中世纪后期商人阶层的出现,这代表着"同邻近地区以外的地区建立

---

[1] 中共中央马克思恩格斯列宁斯大林著作编译局编译《马克思恩格斯全集》第27卷,人民出版社,2006,第477—479页。
[2] 侯振武、杨耕:《关于马克思交往理论的再思考》,《哲学研究》2018年第7期。
[3] 李包庚:《世界普遍交往中的人类命运共同体》,《中国社会科学》2020年第4期,第5页。
[4] 中共中央马克思恩格斯列宁斯大林著作编译局编译《马克思恩格斯全集》第1卷,人民出版社,2009,第540—541页。

贸易联系的可能性"。第二个阶段是 17 世纪中叶至 18 世纪末的工场手工业的深入发展。第三个阶段是资本主义大工业生产阶段。值得注意的是，在这三个阶段的发展过程中，城市交往都发挥了重要作用，正是伴随着世界历史的发展过程，城市交往从民族内部的交往发展成为国际交往。在第一阶段，城市彼此间建立了联系，新的劳动工具从一个城市运往另一个城市，生产和交往的分工随即引起各城市之间在生产上的新分工，不久每一个城市都设立了一个占优势的工业部门。在《德意志意识形态》一书中，马克思使用很大篇幅阐述了城市交往是如何克服民族国家内部城市与乡村的劳动分工，而逐步消除地域局限性的。[1] 在第二阶段，工场手工业的发展推动了国外市场的开辟，城市交往的范围扩大到民族国家之外，开始出现城市国际交往。在第三阶段，在资本主义大工业产生和工业革命的推动下，开启了人类历史上的第一波全球化浪潮。正如马克思和恩格斯在《共产党宣言》中所断言的，"大工业建立了……世界市场"，"使一切国家的生产和消费都成为世界性的了"。第一波全球化以传统的国际劳动分工为基础，工业革命直接推动了城市化进程，世界人口越来越多地流向城市。在工业革命之前，城市的主要功能是作为政治、军事中心而存在，它们是消费中心而非生产中心。工业革命之后，城市在经济功能上超过农村，城市开始在国家的经济和社会发展中扮演越来越重要的角色。正是在此背景下，城市国际交往成为一种全球化现象，而且全球化是由成为工业生产中心的城市相互联结的。在世界普遍交往的过程中，"城市最普遍的特性——专门化的、职业性的、集体的形式解决人类的各种需求的功能"扩展到了国际性的普遍联系进程之中。[2]

马克思世界历史普遍交往的理论框架主要包括四个维度[3]。第一个维度是经济交往。"交往是生产力发展的前提"，而且世界历史是以开拓世界市场为基本

---

[1] Florian Butollo und Oliver Nachtwey (Hrsg.), *Karl Marx Kritik des Kapitalismus* (Suhrkamp Verlag, 2018), S.100（弗洛利安·布拖洛、奥力弗·纳赫特维主编《卡尔·马克思对资本主义的批判》，苏尔坎普出版社，2018，第 100 页）。

[2] 刘易斯·芒德福：《城市发展史——起源、演变和前景》，宋俊岭、倪文彦译，中国建筑工业出版社，2005，第 113 页。

[3] 四个维度的划分参见周德刚：《经济交往中的文化认同——马克思交往理论的当代意义》，博士学位论文，复旦大学，2004，第 25—32 页。

形式的。这些都表明，经济交往是普遍交往的最基本关系，也是国家、民族以及城市之间交往行为发生的基本动力。第二个维度是政治交往。《德意志意识形态》论述了民族与国家之间的关系和阶级关系，政治交往主要体现在民族、国家之间交往关系的政治属性和阶级性上。在现阶段的全球普遍交往时代，包括城市在内的交往主体之间的交往关系的政治属性是以民族国家之间的关系为基本界限的。第三个维度是文化交往。文化交往是指不同的文化在不同的地域和人群中的交流而相互影响、相互作用的过程，文化交往依托经济交往和政治交往而存在。在文化交往方面，马克思和恩格斯提出了"世界文学"的概念，指出："精神的生产也是如此。各民族的精神产品成了公共财产。民族的片面性和局限性日益成为不可能，于是由许多民族的和地方的文学形成了一种世界文学。"[1] 这里的"文学"包括所有精神产品。显然，不同民族的精神文明之间的交往有利于人类走向世界交往。第四个维度是社会交往。在马克思和恩格斯的思想体系中，世界历史的进程本质上是人的解放过程，而在《关于费尔巴哈的提纲》中，马克思指出："人的本质不是单个人所固有的抽象物，在其现实性上，它是一切社会关系的总和。"[2] 社会是由于交往而形成的有机网络组织，人必须通过社会交往才能生存和发展。随着交往从民族、国家内部的交往扩展到世界交往，人的社会关系认同也可以从个人扩展到更大范围——民族、国家、人类。[3]

通过对马克思和恩格斯论述的研读，我们可以得到理解当代城市国际交往的几点启示。

第一，交往范畴的内涵在交往方式之外，最重要的就是交往关系。由此，分析城市国际交往行为不能局限于讨论和描述一般意义上的城市国际交流活动，而是要更深入把握交往关系的内涵，研究城市国际交往方式和交往关系之间的辩证互动和交往关系的制度化过程。

---

[1] 中共中央马克思恩格斯列宁斯大林著作编译局编《马克思恩格斯选集》第2卷，人民出版社，2009，第35页。

[2] 中共中央马克思恩格斯列宁斯大林著作编译局编《马克思恩格斯选集》第1卷，人民出版社，1995，第60页。

[3] 陈力丹：《精神交往论》，中国人民大学出版社，2016，第31、36—43页。

第二，在城市国际交往中，经济交往、政治交往、文化交往、社会交往四者密不可分，相辅相成。经济交往发展状况决定政治交往、文化交往和社会交往，而后三者又对经济交往起着重要推动作用。

第三，整个世界是处于普遍联系之中的，城市国际交往是世界普遍交往的重要组成部分。随着全球化的发展，城市已经成为各类网络体系的中心和节点。在城市国际交往互动进程中，大城市和中心城市发挥着影响，成千上万的小城市也因为全球化时代的相互联系而表现出新的特点。

第四，马克思曾指出，"各民族之间的相互关系取决于每一个民族的生产力、分工和内部交往的发展程度。这个原理是公认的。然而不仅一个民族与其他民族的关系，而且这个民族本身的整个内部结构也取决于自己的生产以及自己内部和外部的交往的发展程度"。[1] 由此可见，民族内部交往与生产力发展是其对外交往的基础，城市国际交往作为民族对外交往的组成部分，受到国家内部交往的影响，而其国际交往的程度与水平又影响着民族内部生产力与交往的发展。

第二节　城市全球影响力

在城市国际交往日益成为世界普遍交往重要组成部分的背景下，纽约、伦敦等世界著名城市越来越具有全球性的影响力。但是，学界对于如何定义城市的全球影响力和衡量城市全球影响力的问题仍没有清晰的回答。美国学者约翰·弗里德曼（John Friedmann）的"世界城市假说"和萨斯基娅·萨森（Saskia Sassen）的"全球城市假说"是分析世界著名城市在全球化体系中的地位和作用的经典理论，在他们的研究中有很多关于城市全球影响力的内容。他们都认为，在全球化时代，一个城市的全球影响力主要表现在其参与国际经济活动的程度和对国际经济的影响上。弗里德曼将世界城市分为核心国家（地区）第一序列、核心国家（地区）第二序列和边缘国家（地区）第一序列、边缘国家（地

---

[1] 中共中央马克思恩格斯列宁斯大林著作编译局编《马克思恩格斯选集》第1卷，第68页。

区）第二序列。[1] 萨森更加注重从微观角度（即企业的区位因素）探讨全球城市的影响力，她把全球城市定义为发达的金融和商务服务中心，它们通过服务全球资本和商务流通的枢纽地位发挥全球影响力。[2]

以"世界城市假说"和"全球城市假说"为代表，现有研究主要还是在经济维度上对城市全球影响力进行分析。但城市在国际体系中的影响力发挥不仅取决于其作为经济行动者的意愿和能力，而且依赖于作为政治、社会和文化行动者的意愿和能力。因而，研究城市建构全球影响力的实质是分析城市如何通过国际交往向国际体系投射城市的综合实力和地位。城市的全球影响力的实际内涵是城市作为施动者在国际体系中的权力发挥与运用状况，即城市如何通过国际交往在与其他国际行为体的互动过程中实现自身意愿、利益的能力。从这个层面来看，城市全球影响力的本质是一种国际关系权力。

然而，权力在政治学与国际关系分析中向来是一个无比重要却颇为含混的概念。摩根索称"权力概念是政治学中最为棘手、争议最多的问题之一"。[3] 罗伯特·吉尔平也曾发出相似的感慨，认为"对权力概念存在林林总总的定义，是政治学整个学科的尴尬"。[4] 肯尼思·沃尔兹在结构现实主义国际关系理论体系中追求概念和理论的清晰简洁，因此用实力（capability）概念来替代权力。在他看来，权力等同于国家领土内资源定义的实力，权力即是对资源的占有。[5] 虽然"权力等于实力"的理解在国际关系研究中屡遭诟病，但是在政策分析实践中，由于缺乏更好的衡量权力的方法，这种概念也一直为很多人所使用，而且对于很多人来说，"权力等于实力"似乎成为一个不言自明的概念。在现有的

---

[1] John Friedmann, "The World City Hypothesis," *Development and Change* 17, no. 1(1986): 69-83. 转引自金元浦主编《北京：走向世界城市——北京建设世界城市发展战略研究》，北京科学技术出版社，2010，第30页。

[2] 转引自周振华：《崛起中的全球城市——理论框架及中国模式研究》，上海人民出版社，2008，第19—20页。

[3] Michael Barnett and Raymond Duvall, "Power in International Politics," *International Organization* 59, no.1 (2005): 39-75.

[4] Robert Gilpin, *US Power and the Multinational Corporation: The Political Economy of Foreign Direct Investment* (New York: Basic Books, 1975), p. 24.

[5] Kenneth N. Waltz, "Reflections on Theory of International Politics: A Response to My Critics," in Robert O. Keohane(ed.), *Neorealism and Its Critics* (New York: Columbia University Press,1986), p. 333.

涉及城市全球影响力的衡量体系中，很多占有主导性地位的指标选择体现出的也是这种"权力等于实力"的理论概念。不可否认的是，对资源的占有（实力）的确是城市发挥权力和影响力的基础，权力无法脱离实力而存在，但是在全球化时代，包括城市行为体在内的各种国际行为体以前所未有的深度和广度相互交往、联结，我们无法以静态、孤立的方式去理解城市的全球影响力。城市全球影响力在体现传统实力之外，应该还有社会性属性，即在行为体互动中发挥影响力。

为了更全面地把握城市全球影响力的内涵，本研究借鉴苏珊·斯特兰奇（Susan Strange）的相关论述将全球影响力进行划分。斯特兰奇将传统国际关系中的权力分为了关系性权力（relational power）和结构性权力（structural power），并提出了塑造性权力（shaping power）的概念。基于此，本课题将全球城市的影响力进行划分和定义。关系性权力是指"甲靠权力使乙去做他本来不愿意做的事"，结构性权力是"形成和决定全球各种政治经济结构的权力，其他国家机器、政治机构、经济企业、（同样重要的是）科学家和别的专业人员都不得不在这些结构中活动。简言之，结构性权力就是决定办事方法的权力，就是构造国与国之间的关系、国家与人民之间关系或国家与公司之间关系框架的权力"。[①] 但关系性权力不仅仅局限于传统的强制力手段，除了军事手段之外，经贸合作所导致的不对称相互依赖也会产生关系性权力。塑造性权力指的是一国在与他国的互动中能够发挥影响力以左右他国的外交决策和行为选项，作用的根本对象是对方的行为偏好，具体机制是使其越来越接近塑造者的认知和立场，以至于对方在采取行动时往往感到自身行为是出于自愿而非受到胁迫或强制。[②] 借助斯特兰奇的思路，本研究将全球城市影响力进行三个维度的划分。但值得注意的是，不同于三种权力中的主要行为体——国家，本研究中的主要对象是城市，所以有行为体体量、层次和行动逻辑的区别，同时"权力"这个概念对于国际关系中的城市来说是不适用的。所以本研究提出以下三个概念：关系性影响力、塑造性影响力和结构性影响力，将不同类型的城市全球影响力进

---

① 苏珊·斯特兰奇：《国家与市场》，杨宇光译，上海人民出版社，2002，第20—21页。
② Susan Strange, "The Persistent Myth of Lost Hegemony," *International Organization* 41, no. 4 (1987): 551–574.

行区分。

关系性影响力主要关注城市的联系功能,是一个城市通过与其他城市联结并施加影响的能力,主要表现为通过经济、政治手段与其他城市建立联系并产生影响。塑造性影响力主要关注城市的传播功能,是一个城市通过对自身的宣传和推广对其他城市或国际关系行为体进行影响的能力,主要表现为通过文化和社会手段对其他城市产生影响。结构性影响力主要关注城市的控制和决定功能,是一个城市通过制定相关规则和机制使得其他城市或国际关系行为体按照特定规则行动的能力,主要表现为通过创立新的规则对其他城市产生影响。需要说明的是,虽然在关系性影响力和塑造性影响力中,经济、政治、社会和文化方面的因素起了主要作用,但四个方面的因素是相互影响、不可分割的,会共同作用于全球影响力的发挥过程(见图1.1)。

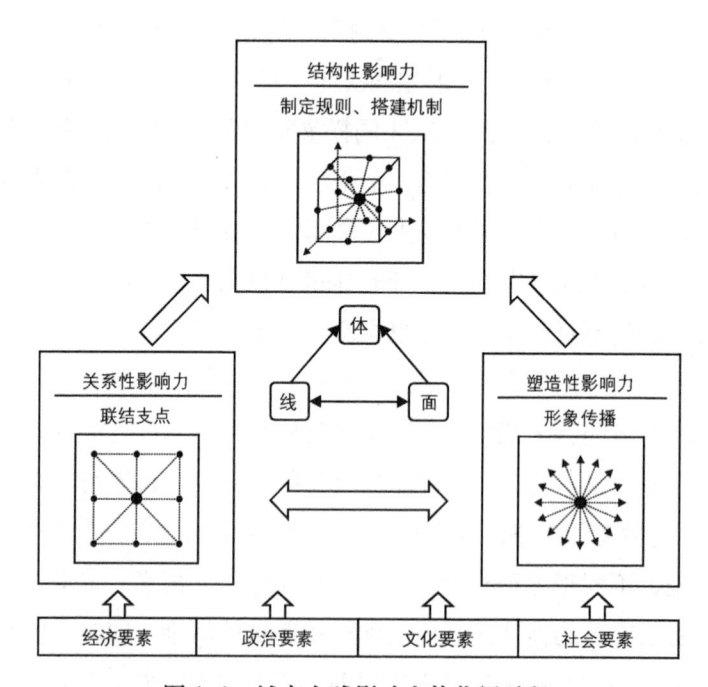

图1.1 城市全球影响力的作用过程

资料来源:作者自制。

图1.1展现的是三种类型的全球城市影响力的作用过程。如图所示,全球城市在经济、政治、文化和社会四个方面的多维表现构成了影响力作用的基础。

关系性影响力的作用逻辑是联结支点，通过各个方面的要素将全球城市与其他城市联系起来，并逐渐由"线"成"网"。塑造性影响力的作用逻辑是进行城市形象传播，通过各个方面的手段将城市以丰富和具体的形象向世界进行推广，并形成扩散效应，形成全球城市影响力的"面"。在关系性影响力和塑造性影响力的基础上，全球城市通过制定规则和搭建机制来实现结构性影响力。在这个由全球城市搭建的结构中，其他城市和国际关系行为体围绕全球城市并依据规则行动，形成全球城市影响力的"体"。同四个维度的表现要素一样，三种类型全球城市影响力是相互作用、不可分割的，但结构性影响力更注重规则和秩序等方面，并需要一定的关系性影响力和塑造性影响力作为基础，所以位于影响力作用逻辑的最顶端。

在影响力相关定义和作用过程的基础上，我们提出城市全球影响力的评估要素：首先，在关系性影响力维度方面，评价的主要内容是城市拥有的全球经济控制能力和影响范围，如跨国公司总部数量、金融中心的地位、生产和消费中心的体量、数字经济的发展程度和对高端劳动力的吸引程度；其次，在塑造性影响力维度方面，评价的主要内容是城市的形象传播和对外推广，如城市跨文化交流的表现、国际议题设置和文化符号的传播能力、跨境人员往来程度、举办国际会议或发布宣言和声明的数量、打造城市品牌形象的成果等；最后，在结构性影响力维度方面，评价的主要内容是城市形成和决定全球各种政治经济结构的权力，具体表现为参与制定和维护国际规则与制度的能力。

第三节　城市—国际体系相互建构

开始于20世纪80年代的第二轮全球化浪潮，也即当代正在进行的全球化正以前所未有的广度和深度影响着世界政治、经济和社会的方方面面，我们目前正在经历前所未有的马克思和恩格斯所说的"世界历史"时刻。在这一轮全球化中，传统的国际分工格局被打破，跨国公司在全球经济贸易活动中的作用大大增加，促成世界生产体系中新的结构性力量的崛起。相比于第一次全球化，国家作为独立的经济单元的重要性下降，而城市作为经济单元的重要性迅速上升。在全球化力量的驱动下，塑造各国经济的"国家"要素较以前有所下降，而城市国际交往在世界普遍交往中的重要性大大加强。

意大利未来学学者里卡多·彼得拉认为："权力将落入在世界范围内进行活动的商人与各城市政府之间所缔结的联盟手中。这种城市政府首先将促进它所包含的全球公司的竞争能力。"在公共政策领域，世界各国的决策权都出现了重心下移的趋势，大量决策权和公共财政支出从中央政府转移到地方（城市）政府。地方（城市）政府的决策范围扩大，相当部分的公共支出和城市发展政策的决策权已经交给地方；地方（城市）政府可利用的政策杠杆和财政杠杆增多。在地方税收、土地政策等方面，地方（城市）政府比过去有了更大的决定权；由地方（城市）政府主导的城市贸易额大幅度上升，对外贸易权也由中央下放到地方、民间公司；对城市未来发展方向的控制权已基本掌握在地方（城市）政府手中，中央政府的干预大幅度减少。曾担任联合国副秘书长的马克·马洛赫-布朗指出："全球化很可能成为21世纪最为地区化的事务。"全球治理只有在各级政府都积极支持的情况下才能实现。城市的政治意愿和行动将主宰未来数十年的世界政治经济议程。

与此同时，城市化已成为一个全球性的过程，发展中国家也越来越被卷入这一进程。在1950年，世界人口中仅有30%是城市居民，而2000年这个比例达到47%，约29亿人。预计到2030年这个比例将达到60%，共计约50亿人。据估计，2000—2030年，较不发达国家的城市人口将增加20多亿。在此背景下，正如城市学学者杰布·布鲁格曼（Jeb Brugmann）所指出的，地方事务不再只是地方的。持续不断的城市建设，尤其是过去半个世纪里的建设，已经创造出一个互联的全球性城市体系。个别城市的发展变化能够影响全球城市体系，地方上甚至只是一个小镇的状况或事件也都可能被放大为全球性事件，进而加速全球化趋势，这往往是国家、企业或国际组织无法掌控的。最为重要的是，全球化是建立在世界不断增长的城市数量的基础之上，并因这些城市特定的设计、价值观和程序的不同而有所不同，这些城市在新兴的全球城市体系中以许多复杂的方式进行互动。在全球化和城市化浪潮的推动之下，城市之间的竞争在21世纪将成为国家间竞争的重要方式。当代国家和民族交往中的经济、政治、社会和文化交往活动几乎都汇聚于城市，即便不是直接发生在城市，城市也为这些活动提供交通、通信等支持。因此，城市国际交往已经成为联结民族、国家交往、区域交往和世界交往的纽带。

然而，如果要深入分析城市国际交往与当代以全球化为核心特征的国际体系之间的互动关系，并探讨此种互动所带来的各种变化和城市国际交往的本质属性，则需要结合宏观（国际体系）和微观（城市）的不同层次，建立分析城市国际交往的理论框架。由此，我们不得不面对社会科学研究方法上的一个认识论难题，即所谓的施动者—结构（agency-structure）二元对立问题。

在施动者—结构的二元对立中，结构的观点认为：结构是独立于施动者的外部客观存在，对施动者具有制约作用；而施动者的观点则认为，行动是结构形成的基础，所有的社会现象都可以由施动者的动机和行动来解释。施动者—结构二元对立问题在社会科学诸研究领域有多种表现形式，如"个体与社会""行为体与体系""部分与整体""主观主义与客观主义""微观与宏观"和"自愿主义与决定主义"等。[1]

在国际关系研究中，施动者—结构二元对立问题长期困扰着研究者，一直是国际关系理论在认识论和本体论层次上争辩的焦点。例如：持结构观点的学者称，全球化作为强大的结构性力量彻底改变和塑造了国际体系，以国家为代表的行动者相互依赖，其行为表现呈现趋同的趋势；而持施动者观点的学者则辩称，国家内部的政治经济动因和行动会改变国际体系的状态。[2]在讨论城市与国际体系问题上，同样存在类似困惑，到底是全球化进程中国际体系的转变导致城市行为的改变，还是城市或由城市推动的包括城市国际交往在内的各种行为改变了国际体系？因为理论和实证研究都表明，城市既被全球化进程改变，又在相当程度上影响着全球化的进程。

简而言之，施动者是有主观能动性的行为体，其决策和行为受结构制约，同时塑造结构体系变迁。

为了建立分析城市与国际体系互动的理论框架，从认识论的角度探讨城市

---

[1] Walter Carlsnaes, "The Agency-Structure Problem in Foreign Policy Analysis," *International Studies Quarterly* 36, no. 3 (1992): 245−270.

[2] Stephen Chaudoin, Helen Milner and Xun Pang, "International Systems and Domestic Politics: Linking Complex Interactions with Empirical Models in International Relations," *International Organization* (Spring, 2015), pp. 275−309.

国际交往，本研究借鉴柯尔尼分析全球化的理论框架，以"相互建构"的结构路径来分析城市在国际关系中的施动者—结构二元对立问题。柯尔尼指出，结构和施动者是在持续进程中相互建构的，而这个进程本身吊诡的是，施动者的行动在加强结构的同时也在使结构分裂，结构既限制施动者又为其提供机会，它们是互惠、互动的持续进程。[①]

结构分析具有结构和施动者两个最重要的解释变量。与结构有关变量的解释力在于它不受时间限制和人类意识限制的事实，结构是社会与物质性嵌入，本身并不因自身而变化；与施动者有关变量的解释力在于，虽然结构限制或为施动者提供条件，但只有施动者在一定的结构条件下行动。因此，柯尔尼提出，运用结构分析的关键是要确定一系列分析模式，包含结构和施动者相互联系的要素，并展示其互动模式。结构—施动者互动进程有两个维度：一个是行动的结构背景，如根据物质条件和社会条件，结构的限制是紧密的还是松散的；另一个是施动者的特点，其结构是限制型还是变化型。

在国际关系研究中，施动者是民族国家政府，包括次国家行为体（包含城市）、非政府组织、跨国公司和个人等，结构化的国际体系因为施动者的行动而存在和发展。

以城市作为施动者来考察，其面临的结构化条件主要是指：（1）全球化对国际体系结构的影响：一方面是一体化的深入，另一方面又出现碎片化趋势；（2）国际格局的状况：两极格局、多极化格局和无极世界格局给予城市参与国际事务的限制与机会是不同的；（3）地区一体化的跨国机制：北美自由贸易区、跨大西洋投资与贸易协定等多边机制对城市的国际活动空间具有重要影响；[②]（4）民族国家的国内条件，如联邦制国家和单一制国家，或者城市具有影响国家决策的资源和条件等。所谓结构限制型城市行动者主要是指受到的结构化条件限制比较多的城市，其物质条件和社会条件都受到制约；而结构变化型城市

[①] Philip G. Cerny, "Political Agency in a Globalizing World: Toward a Structurational Approach," *European Journal of International Relations* 6, no.4 (2000): 435-463.

[②] Michael Keating, "Regions and International Affairs: Motives, Opportunities and Strategies," in Francisco Aldeco and Michael Keating (eds.), *Paradiplomacy in Action: The Foreign Relations of Subnational Governments* (London: Frank Cass, 1999), pp. 6-10.

行动者是本身具有很多资源、能够发起和推动国内国际体系变革的城市。

基于结构性条件的不同，可以将城市国际交往划分为四种基本类型：

如果结构限制型施动者处于十分紧密的结构环境中，结构化条件与施动者之间的互动进程相当缓慢甚至处于静止状态，如果出现变化，那也是一种被动和常规性的适应过程。在这种情况下，城市国际交往大多是被动适应性的，不会主动寻求改变国际环境。

如果结构限制型施动者处于松散的结构环境中，则是一种增量适应的变化，施动者的机会较少，像传统达尔文主义所展示的，施动者的机会只能是随机的自然选择。在这种情况下，一些城市可能由于先天某些优势而在国际体系转化中发挥作用，比如，改革开放初期的某些沿海城市的国际交往，在促进中国改革的同时，也在推动国际体系转化中发挥了作用。

如果结构变化型施动者处于紧密的结构环境中，则会出现间断平衡现象，即长期平静发展进程有可能被短暂和突然的变化打破，从而导致结构出现颠覆性的改变。在这种情况下，一些具有较多资源和优势的城市可能通过国际交往活动主动推动国际体系变化。

如果结构变化型施动者处于松散的结构环境中，则有可能出现非常明确的结构重组。在这种情况下，国际体系可能由于城市间的互动而重组，但在实际的历史发展进程中，这种状况从未发生过。

在各种形式的互动中，施动者是在结构当中嵌入（embedded）的，其活动虽然追求最大限度地实现自身效用，但不得不受到所处结构的限制。当然，如果结构出现松动现象，施动者就会寻求改变自身环境去打破所受限制。[1]

当代国际体系处于结构转型时期，施动者只能在一系列变化的限制和机遇条件下活动。一个新的体系变化特点是，国际关系出现一种"跨国机遇结构"（transnational opportunity structure），为包括城市在内的次国家行为体和跨国行为体提供了更多的转变空间，而这些行为体的活动反过来又增加了体系的脆弱性。因此，未来能够对塑造国际体系发挥重大影响的行为体一定是那些能够有

---

[1] Mark Granovetter, "Economic Action and Social Structure: The Problem of Embessedness," *American Journal of Sociology* 91, no. 4(1985): 50-82.

效操纵以及使机遇和限制条件效用化的行为体。例如，那些从前在经济上紧密地与领土—民族国家相互联系在一起的行为体开始尝试用新的方式来设计和组织其活动。在此背景下，作为次国家行为体的城市越来越多地与私人领域的行为体相结合采取跨国行动，这也被看作当代城市国际交往活动的一个重要特点。一旦国际体系出现重大变化，那些有资源和实力的城市就会寻求改变其外部结构性条件。

总的来看，作为施动者的城市能够在多大程度上发挥国际体系结构转型的影响力取决于四方面的能力：一是作为经济行动者，通过参与改变全球生产过程、跨国公司贸易和国际金融交易而影响全球化进程的能力；二是作为政治行动者，采取政治决策和行动的能力与意愿；三是作为社会行动者，联合其他社会行为体实施共同行动的动员或协调能力；四是作为文化观念的行动者，打造城市国际形象和塑造国际议题的能力。以此为出发点，本研究建立起分析当代城市国际交往与全球影响力建构的框架。

第二章 伦敦城市国际交往与全球影响力建构

从全球范围来看，不同城市体现出了不同的等级性，其中经济发展程度最高、全球联系最广和对全球事务影响力最强的一批城市被称为全球城市。全球城市的表现是多方面的，在经济、政治、文化、社会等领域都有重要的国际地位和国际影响力。伦敦、纽约、巴黎和东京被认为是最具影响力的"四大全球城市"，其中伦敦是英国的首都，也是重要的国际经济、金融、航运、文化和交通中心，同时伦敦通过推出各种措施（如伦敦—伙伴计划）、参与全球城市网络（如城市气候领导联盟）、举办大会和赛事（如奥运会）等进一步提高自身的全球影响力。

在各类全球城市影响力排名中，伦敦都高居前列，展现出了强大的实力和国际影响力。在全球化与世界城市研究网络（Globalization and World Cities Study Group and Network，GaWC）的全球城市排名中，伦敦为 Alpha ++ 级别[1]，展现了这座城市在全球城市跨国公司网络和全球经济发展中的重要地位。在全球城市实力指数（Global Power City Index，GPCI）排名中，伦敦列第一位，展现了其在经济、研发、文化、居住、环境、交通这六个方面的综合实力。

本章只所以选取伦敦作为案例，分析其在国际交往中的多维表现，为其他城市国际交往建设和全球影响力建构提供经验和借鉴，主要有三个方面的原因。首先，伦敦的全球城市建设比较完善，在国际交往中的多个维度都有所表现，并继续通过一系列的战略和措施（如建立世界文化中心城市、发展数字经济、打造绿色伦敦等）提高自身的全球影响力，为进一步深入分析提供了完整和翔实的实证信息。其次，伦敦是英国的政治中心，在首脑外交、主场外交和

---

[1] 全球化与世界城市研究网络是英国拉夫堡大学地理系创建的世界城市排名研究机构，根据世界城市的国际性、参与国际事务的影响力、国际交通情况、国际金融情况等核心指标对世界城市进行排名。全球化与世界城市研究网络将全球主要城市分为四个等级，即世界一线城市（Alpha 级）、世界二线城市（Beta 级）、世界三线城市（Gamma 级）和世界四线城市（Sufficiency 级），每个等级内部用加减号标记该等级内的次级别，其中伦敦所属 Alpha++ 级别为最高级别。

赛会外交等各个方面都有别的城市所不具有的优势。最后，就城市发展来说，伦敦有悠久的历史。

对伦敦案例的研究主要由三个部分组成。根据本研究提出的有关城市国际交往的概念内涵和分析框架，下文将具体剖析伦敦的城市发展历程、国际交往的多维表现和不同形式的全球影响力建构方式，同时探讨目前伦敦国际交往所面临的挑战。图2.1展示了伦敦全球城市案例的分析逻辑。

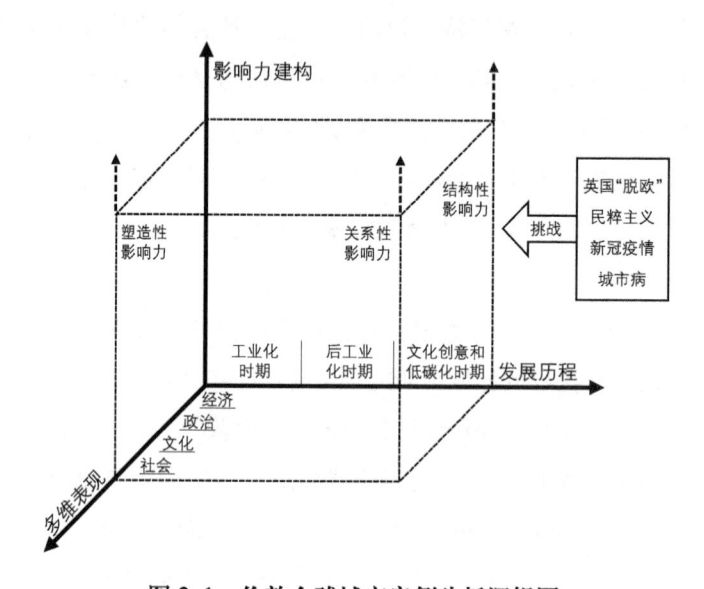

图2.1 伦敦全球城市案例分析逻辑图

资料来源：作者自制。

首先，对伦敦城市发展历程进行简要回顾，分析其成为全球城市的重要历史节点。就伦敦而言，成为全球城市大致经历了工业化时期、后工业化时期及文化创意和低碳化时期三个阶段。分析全球城市建设的不同历史阶段有助于更好地对全球城市国际交往中的关键要素进行把握。其次，将城市国际交往分为经济、政治、文化和社会四个方面的维度进行讨论。四个方面密不可分，相辅相成。经济的发展状况决定政治、文化和社会的发展水平，而后三者的发展又对经济的进一步发展起着重要推动作用。再次，在历史分析和要素分析的基础上，将全球城市影响力建构的过程分为结构性影响力建构、关系性影响力建构和塑造性影响力建构三个方面，选取有代表性的案例进行分析。其中结构性影响力是形成和决定全球各种政治经济结构的权力，如规则、机制的制定，表现为参与制定和维护国际规则与制度的能力。关系性影响力是指迫使他者做其本身并不愿意做的事情的权力，经贸合作所导致的不对称相互依赖也是关系性权力，所以关系性影响力与对全球经济的控制能力有关。塑造性影响力是建立和维持互动关系的权力，如信息传播、交流、议题设置和形象塑造等方面能力，也是跨文化交流、国际议题设置和文化符号的传播能力。本章将以具体案例的形式对伦敦建构不同形式影响力进行分析，通过研究伦敦参与全球气候治理讨论其结构性影响力的建构，通过研究伦敦—伙伴计划讨论其关系性影响力的建构，通过研究伦敦奥运城市建设讨论其塑造性影响力的建构。最后，结合最新国际政治经济形势发展，讨论伦敦国际交往面临的挑战。

第一节　伦敦的发展历程

一、历史上的伦敦

伦敦在历史上经历了多次的发展与衰退，直到在工业革命的推动下，才逐渐确立在世界范围内的城市领先地位，并在20世纪初成了全世界最大的城市。虽然在两次世界大战中遭遇了不同程度的破坏，但20世纪下半叶以来，伦敦通过进一步的产业转型确立了全球城市的领先地位。

伦敦最早在《罗马书》(Roman Letter)中有所记载，公元50年前后，随着凯尔特人入侵英国，伦敦地区开始有所建设和发展，具体表现为：在泰晤士河上修桥，连接伦敦地区的各片土地；同时建立港口，在罗马商人的推动下，伦敦城镇建立。2世纪，伦敦地区获得较快发展，人口达到6万。随着407年罗马军队从英国撤离，伦敦城镇有一定的衰落。与此同时，盎格鲁-撒克逊人开始在原罗马统治下的伦敦地区西侧进行聚集和生活。至680年，该地已经形成初具规模的港口，但在820年之后由于维京人的频繁入侵有衰退的趋势。886年，阿尔弗雷德大帝(Alfred the Great)对城镇进行了重修和完善。

1066年诺曼人进攻并统治英国地区，随后在12世纪初将伦敦作为英格兰统治中心。11—14世纪又称为英国的"中古时代"，东西伦敦两个部分都获得了一定的发展。其中东伦敦建立伦敦城（伦敦金融城的前身），而西伦敦的威斯敏斯特地区成为王室和政府所在地，并由教会建立威斯敏斯特大教堂、圣保罗大教堂、切特豪斯修道院等一系列宗教场所。1300年，伦敦人口达到10万。

14—17世纪黑死病在欧洲大陆蔓延，对整个欧洲的发展造成了巨大的破坏性影响。在此期间，伦敦人口急剧减少，尤其是在1665—1666年伦敦瘟疫集中爆发。更雪上加霜的是1666年伦敦爆发了历史上最严重的火灾，造成大约13万座房屋被毁、80万人无家可归。17世纪下半叶，伦敦进行了大火后的重建。随着工业革命和商业活动的推进，伦敦在18—19世纪迅速发展，同时一批著名的博物馆在伦敦建立。20世纪初期，伦敦人口达到660万，成为当时全球最大的城市。

两次世界大战中，虽然伦敦不是欧洲战区的主战场，但仍然遭受了严重的破坏。尤其是1940—1941年的伦敦大轰炸中，纳粹德国对伦敦进行了密集的轰炸，包括圣保罗大教堂、伦敦金融城等一系列建筑遭到了严重的破坏。

20世纪40年代中后期，伦敦开始建立卫星城。虽然伦敦经济增长在20世纪70年代有所放缓，但伦敦通过产业升级、发展文化创意产业和发展低碳经济等措施继续在全球城市中占据领先地位。表2.1为伦敦城市历史年表。

表2.1 伦敦城市历史年表

发展阶段	时间	历史事件
1—10世纪：诞生与初步发展	43年	凯尔特人入侵英国，在泰晤士河修桥并建立港口城市
	50年	罗马商人建立伦敦城镇
	407年	罗马军队从英国撤离
	680年	盎格鲁-撒克逊时期的伦敦港口初具规模
	820年	维京人开始入侵伦敦
	886年	阿尔弗雷德大帝重修城镇
11—14世纪：英格兰首都时期（第一次发展）	1066年	诺曼人入侵伦敦
	12世纪初	伦敦成为英格兰首都
	12—13世纪	东伦敦建立伦敦城（伦敦金融城的前身）
		西伦敦的威斯敏斯特地区成为王室和政府所在地，建立教堂和修道院

续表

发展阶段	时间	历史事件
14—17世纪初：黑死病与伦敦大火（第一次衰退）	14—17世纪	遭遇黑死病
	1665—1666年	伦敦大瘟疫
	1666年	伦敦大火
18世纪末至20世纪初：世界最大都市（第二次发展）	18世纪60年代	工业革命
	1834年	建立大本钟
	1851年	举行万国博览会
	1859—1875年	完善城市排水系统
	19世纪末	建立博物馆（维多利亚和艾伯特博物馆、科学博物馆、自然历史博物馆）
	20世纪初	成为世界最大城市
20世纪上半叶：两次世界大战的影响（第二次衰退）	1914—1918年	第一次世界大战
	1939—1945年	第二次世界大战
	1940—1941年	伦敦大轰炸
20世纪下半叶至今：全球城市地位再次确立（第三次发展）	1944年	提出大伦敦规划，建立卫星城
	20世纪80年代	实行产业升级战略
	1986年	金融自由化
	1998年	建立混业监管体系
	1998年	实行文化创意战略
	2007年	提出《应对气候变化的行动计划》

资料来源：作者自制。

二、作为全球城市的伦敦

在城市的发展过程中，随着经济发展和产业升级，城市与城市或地区的联系更加密切，地位逐渐提高，功能得以提升。邓智团认为产业变化促进的城市功能提升经历了四个阶段：农业向制造业转型（工业化）、制造业主导转向服务业主导（服务业化）、传统服务业主导转向现代服务业主导（服务业高端化）、资本驱动向创新驱动转型（创新发展）。在产业升级的过程中，城市逐渐从区域中心城市发展为国家中心城市和全球城市。[①]

根据上述分析框架，伦敦作为全球城市的发展可以分为三个阶段，分别是：18—19世纪的工业化时期，初步建立了现代工业化全球城市；20世纪中后期的产业升级时期，建立了后工业化全球城市；21世纪初期的文化创意产业和低碳化全球城市建设时期。

（一）现代工业化全球城市的建立

在现代工业化之前，伦敦的港口枢纽区位优势为其带来了极大的贸易优势，贸易逐渐成了伦敦商业控制力的基础。同时，得益于宽松的商业环境，伦敦吸引了大量的商人。14世纪，伦敦成了英国最大的制造业城市。早期贸易和制造业的发展为伦敦工业化奠定了基石。

15—17世纪，伦敦的工业和服务业开始发展，伦敦成为进口原料和出口成品的主要城市，推动了商务主导和高端消费的转型。在此过程中，新型贸易公司推动了远距离贸易的形成，伦敦在经济模式多样化的同时将影响力扩展到世界。伦敦在1500—1700年经历了其城市发展史上第二个繁荣发展时期，人口的快速增长加速了城镇化的进程，而经历过两次重大灾难的伦敦也更加重视基础设施的建设，城市治理初步显现出现代化的特征。

18世纪，经济多样化的伦敦没有过多依赖大规模的工业化生产，而是借助工业制造发展的机会，成为国家集聚资本、信息、知识的多行业中心。18世纪60年代英国开启工业革命，蒸汽驱动的庞大机器奠定了英国强大的殖民者地位，伦敦也在这一时间进入全球城市的历史维度。尽管工业革命的生产中心位于英国中部和北部的工业重镇，但伦敦发挥着控制主导生产系统的作用。在这一人口增长和工业革命带来红利的时期，伦敦的航运业及相关行业飞速发展，来自国外的原材料涌入城市，经过加工后源源不断地发往世界各个角落。在原料指向型工业经济的驱动下，伦敦的转口贸易额有了显著提升，商人网络由此集聚，大型贸易公司应运而生，远距离贸易、商品精加工、港口存储和流转等商业活动愈加频繁。同时，伦敦开始发展先进的货币市场，在全球范围内使不同的国家和地区实现信贷平衡，并于19世纪初奠定了世界金融中心的地位。

[①] 邓智团：《伦敦全球城市发展研究——历史方位与现实方略》，上海社会科学出版社，2016，第3—4页。

1844年，《银行特许条例》颁布，英格兰银行独占货币发行权，银行制度的崛起和完善使英国通过商品倾销和殖民扩张等手段所获得的资本可以通过再分配流通到社会不同领域。伦敦成为现代银行的集聚地，也是真正意义上的全球金融中心。

（二）后工业化全球城市建设

19世纪初，伦敦开始由工业型城市向服务型城市转型。1861年，伦敦成为服务业主导的城市（第三产业占比61%）。19世纪70年代，伦敦服务业得到了极大的发展，成为当时世界上最重要的国际金融中心之一。不过，到1900年，伦敦仍然是不列颠地区的最大产业中心，约40%的人在制造业或重工业中就业。在第一次世界大战前，与同时期的巴黎和柏林相比，伦敦的服务业发展水平相对高一些，第三产业占比超过60%。伦敦的银行业已经形成规模效应，许多私人银行被大型银行吞并，分支行制度得到发展。伦敦这时已经是世界上最重要的国际金融中心，能为世界上大部分地区提供资本、信贷、保险和航运服务。伦敦产业结构的转型，一定程度上反映了英国金融制度的转变，包括健全的国债与证券制度、完善的现代银行制度和股票制度等。但随着第一次世界大战的爆发，伦敦的国际地位受到了来自大洋彼岸的纽约的挑战。

第二次世界大战之后，伦敦就业人口持续下降，从战后初期的480万下降到1991年的380万左右。满目疮痍的伦敦开始从废墟之中重建曾经的荣光，但传统的制造业不再能带来昔日的霸主地位。伦敦的传统优势并不在于其作为工业革命或是科技革新的发源地，而是它在金融业中无与伦比的号召力和吸引力。战后的伦敦需要着力完成两个维度上的重建，一是摆脱战争的消极影响，二是重建国际地位。战后英国的海外殖民地纷纷通过民族独立运动脱离英帝国的控制，英国海外影响力大打折扣，伦敦的国际地区受到一定影响。尤其是1970年之后，在资本主义国家经济滞胀的背景下，伦敦经济经历了一定的衰退。此时，伦敦积极推进以金融业、银行业、证券投资业为导向的经济改革，并利用"金融大爆炸"成功实现了金融地位的反超。20世纪80年代，伦敦开始实施以银行业等服务业代替传统工业的产业结构调整战略。伦敦进行了两次金融改革，分别是1986年以金融自由化为特征的第一次金融改革和1998年以混业监管体系为特征的第二次金融改革，奠定了英国金融业繁荣的基础。

伦敦实施的以银行业等服务业代替传统工业的产业结构调整战略，获得了很大成功。伦敦的产业结构从以制造业为主转向以金融、贸易、旅游等第三产业为主，商业和金融服务部门及其他一些高科技支撑的产业提供的就业岗位占到全市就业岗位的1/3，并且生产出全市40%的财富。伦敦成为当时全球第一大国际金融中心，金融业和金融城的发展对伦敦市和英国经济发展产生重要的牵引作用，伦敦金融城的GDP占伦敦总GDP的14%。到20世纪末，伦敦第三产业提供的就业岗位达到300万个，占全部岗位的近3/4。去工业化给伦敦带来了诸多积极影响，如就业质量的提高、生活环境的改善、收入增加等。宽松的市场准入规范和良好的金融投资环境为伦敦吸引了更多外来投资。欧洲一体化进程的加快以及全球范围内的产业转移和经济合作都使得伦敦日益成为地区乃至世界的经济中心，发挥着控制、调配、主导作用。

（三）文化创意产业和低碳化全球城市建设

1998年，伦敦政府发布了文化创意战略规划，确立了13个部门的发展举措。2003年，伦敦发展局公布了《伦敦创新战略与行动纲要》，提出了建成"世界领先的知识经济"计划。2004年，伦敦制定文化发展战略《伦敦：文化首都》，提出要把伦敦建成具有创造性的世界优秀文化中心。

1997年至今，英国整体经济增长了70%，文化创意产业经济增长了90%多，后者发展速度远快于总体经济。伦敦的文化创意产业增加值占英国文化创意产业增加值的比例非常大，2000年就达到了24.68%，到2011年上升到49.8%。伦敦的文化创意产业发展很快。[1]

19世纪，伦敦成了"雾都"，空气污染问题严重。1952年12月4日，伦敦爆发了严重的浓雾灾害，导致1万多人死亡。伦敦人民对环境灾害有切肤之痛，在此背景下，1956年伦敦政府颁布了《清洁空气法案》，开始对环境问题进行治理。2007年，伦敦发布《市长应对气候变化的行动计划》，是世界上最早提出低碳化发展的城市。同时，伦敦积极参与全球气候治理的城市网络，成了引领气候治理改革的城市典范。

---

[1] Lara Togni, "The Creative Industries in London," Greater London Authority (2015): 7–10, https://www.london.gov.uk/sites/default/files/creative-industries-in-london.pdf, accessed September 14, 2020.

《市长应对气候变化的行动计划》显示,伦敦市家庭住宅碳排放占到全市总量的38%,商用和公用建筑排放量占33%,地面交通排放量占22%。为实现低碳化发展战略,该行动计划的重点是通过绿色家庭计划、绿色机构计划以及改变交通方式,实现减排目标。关于伦敦的全球城市发展历史,参见表2.2。

表2.2 伦敦全球城市发展历史年表

发展阶段	发展内容	时间	历史事件
18—19世纪: 工业化时期 现代工业化全球城市	工业与贸易	18世纪20年代	伦敦交易所建立
		18世纪60年代	工业革命
	世界金融中心	18世纪中叶	发展国际货币市场
		1850年	成为世界金融中心
20世纪: 产业升级 后工业化全球城市	经济服务化	1861年	成为服务经济主导的城市 (第三产业占比61%)
	去工业化	1970年	产业结构调整 (服务业替代传统工业)
	金融大爆炸	1986年	第一次金融大爆炸 (金融自由化)
		1998年	第二次金融大爆炸 (混业监管体系)
21世纪: 创意低碳全球城市	文化创意产业	1998年	文化创意战略
		2003年	《伦敦创新战略与行动纲要》
		2004年	《伦敦:文化首都》
	低碳战略	1956年	《清洁空气法案》
		2007年	《市长应对气候变化的行动计划》

资料来源:作者自制。

当前,伦敦在全球城市国际交往中的作用非常重要,并在不断加强。美国布鲁金斯学会将当今的全球城市划分为七种主要类型,苏宁基于此将全球城市进行分类,将伦敦、纽约、东京和巴黎等城市划入全球巨型枢纽城市之列,如表2.3所示。伦敦目前在全球城市中的重要地位和影响力可见一斑。

表 2.3 全球城市的类型

类型	城市名称	平均居民规模（万人）	平均经济产值（亿美元）
全球巨型枢纽	伦敦、洛杉矶、纽约、大阪—神户、巴黎、东京	1940	10000
亚洲支柱城市	北京、香港、首尔—仁川、上海、新加坡	1610	6680
新型门户城市	安卡拉、开普敦、重庆、德里、广州、约翰内斯堡	—	—
知识中心	费城、旧金山、西雅图、苏黎世	420	2830
国际中等城市	布鲁塞尔、鹿特丹、阿姆斯特丹、慕尼黑、悉尼	480	2340
中国制造中心	东莞、佛山、福州、无锡、温州、郑州	800	2050
美国中等城市	菲尼克斯、底特律、克利夫兰、迈阿密	300	1490

资料来源：苏宁：《美国智库提出全球城市新定义》，载屠启宇主编《国际城市发展报告（2018）：丝路节点城市——识别撬动"一带一路"建设的支点》，社会科学文献出版社，2018，第 55—58 页。

纵观伦敦作为全球城市的发展阶段，不难看出，一座城市的发展必然是和全世界的发展紧密相连的。城市要开放，城市要走向世界，必然要求一个开放、稳定、和谐的全球秩序作为时代背景。

第二节 伦敦城市国际交往的多维表现

作为英国的首都，伦敦在长期的历史发展中积淀了强大的政治、经济、文化实力，已经形成空间上多中心化、城市职能多元化、增长动力多极化等特征，并成为真正意义上的世界金融中心和国际交往中心。如前文所述，伦敦国际地位的积累经历了漫长的历史过程，城市发展和国际交往与英国的国家进程呈同步趋势。地理大发现以来，殖民帝国将世界融入以欧洲为中心的世界体系之中，欧洲城市范式的传播与世界城市网络的建构成为这一历史过程的空间表达，体现出"帝国的文化结构及其积累而成的驱动力"，全球城市成为帝国统治的延续，潜藏着"帝国基因"。[1]资产阶级革命完成之后，伦敦继续作为英国的首都履行其政治职能，并在资本的原始积累过程中逐渐成为"世界经济中心"。在经济全球化的现代，伦敦进一步利用其优越的地理位置、强大的经济实力、自由宽松的投资环境等优势，牢牢占据着"全球城市"的前列位置。

综合看来，目前伦敦的全球城市领导者地位表现出多元全面的特征。该城市的国际交往渗透到了经济、政治、文化以及社会领域，形成了全方位的国际交往格局，同时取得了积极的成果。

一、优质的经济结构

伦敦在经济维度上的全球影响力建构首先基于其完善的经济结构。伦敦经济结构表现出了新型工业化、高端服务业化和外国直接投资总量大三个特点。

伦敦工业内部结构呈现出新型工业化的特点。传统工业总量比重低，工人生产效率高，劳动力总体素质高，并且以都市型的工业为主导。这表明伦敦处于产业发展的高级阶段，完成了劳动密集型到技术集约化的转型。

伦敦产业结构表现出高度服务化的特点。伦敦的制造业中就业人口比重极低，而第三产业就业人口尤其是文化创意产业的就业人口增长迅速。虽然大型制造业的工厂迁离了伦敦，但是这些大型企业的总部仍在伦敦市区，形成了高度发达的总部经济规模，而第三产业的总部集中优势更加明显。伦敦服务业同时呈现出高端化的特点。房地产、金融及商业服务产业占主导地位，以个人消费为导向的休闲服务业也非常完善。

伦敦的外国直接投资引领了产业升级。国外直接投资总量大，有显著的收益。根据伦敦官方引资机构伦敦投资局（Think London）研究发现，国外直接投资为伦敦经济发展创造了380亿英镑的财富，约占伦敦总产值的23%。在伦敦投资的跨国公司提供的就业岗位超过50万个，约占伦敦就业岗位的1/7，其就业人员具备较高的技术职能（70%的研究生学历）、收入较高（1/3的人年薪超

---

[1] 张晓虎：《全球城市发展与中国的战略选择》，《国际观察》2020年第4期，第137页。

过 4.5 万英镑）、来自多个民族（60% 为白人以外的民族）。跨国公司生产效率高出伦敦平均水平的 60%。根据相关资料，伦敦连续 13 年被评为欧洲最佳商业城市，在决定公司选址的 12 个重要因素中，伦敦在合格员工、市场准入、外部交通等 7 个领域排名第一位。同时，伦敦凭借产业集聚效应和对以高新技术产业为主的投资导向，成为众多海外资本的流入地。从外国直接投资的前十名产业来看，绝大多数都集中在技术含量高、风险比较大的新兴技术行业，这与伦敦的产业发展政策相符合。①

从产业分布来看，伦敦产业结构在现阶段表现出服务业（金融业、旅游业）深度融合、传统制造工业式微、文化产业多样和新兴科技产业崛起等特点。

20 世纪中叶以来，在科技革命浪潮的推动下，世界经济驶入发展快车道。为适应市场需求并将流动资本有效分配至相关领域，金融业快速兴起。资本主义国家建立的战后货币体系、国际贸易组织和跨国公司的发展壮大为金融业的成长创造了窗口期；伦敦在战后积极融入美国主导的西方社会，争取到来自大洋彼岸的资金、技术和人才支持；英国政府当局也坚守传统的资本主义市场原则，强调市场本身作为"看不见的手"的调控作用；远离冷战冲突前沿的优越地理位置也使伦敦迎来了历史上最快的发展时期。在多种优势条件的驱动下，国际资本逐渐向伦敦集聚，以金融、银行、证券等行业为代表的服务业构成了伦敦经济发展的关键动力。

服务业的强势冲击使得传统的制造工业逐步被淘汰出伦敦的产业规划。英国的制造工业自动化程度高，但仍需要丰富的原材料、数量众多但技能水平相对较低的工人和厂房建设用地。在土地资源日趋紧张、环境治理愈加急迫、人口素质提高但缺乏足够多的廉价劳动力的伦敦，这些行业的生存空间越来越狭小，最终被迫迁出首都。但它们的总部仍然驻留在首都，形成了总部经济规模，为金融、物流运输和人才流动提供来自实体产业的支撑。

伦敦还在建设世界顶尖大学方面发力，争取到了大量的留学生和学者。海外知识分子的融入不仅促进了伦敦科技产业的发展，更为伦敦的文化产业注

---

① 邓智团：《伦敦全球城市发展研究——历史方位与现实方略》，上海社会科学出版社，2016，第 54—55 页。

入了新鲜活力。同时，来自全球的游客是伦敦引以为豪的旅游业最大的"摇钱树"。每年有数以千万计的外国游客前往伦敦，他们带来的经济效益转化成了英国首都越来越健全的基础设施和享誉全球的城市国际品牌。伦敦现在大力发展"夜生活产业"，丰富多彩的夜生活使伦敦成为一座"不眠城市"，并产生了可观的经济效益规模。

更值得注意的是，伦敦的全球金融中心之一地位和强大的交通枢纽功能也是其国际交往的坚实基础。伦敦的全球金融中心之一的地位已经持续数个世纪。自英国工业革命以来，英国本土生产力快速发展，商品经济迎来空前的发展机会，市场机制也在旺盛的需求与源源不断的商品生产的良性互动下日臻完善。英国迅速开辟海外殖民地，使资源丰富但发展相对落后的国家和地区成为帝国原料产地和商品倾销市场。伦敦在英国工业史上成了全国及海外殖民地范围内资本、信息、知识、金融和航运的中心。18—19世纪的伦敦得益于国内国际两个市场的双引擎，开放先进的货币市场，成长为一个无可争议的全球金融中心。

伦敦作为全球金融中心之一，对全球范围的金融、保险、证券、大宗商品交易等商业活动产生了深远的影响。伦敦在全球金融活动中的重要程度因受到大萧条和两次世界大战的冲击而有所下降，英镑金本位制度的破灭更是使原本竞争力有所下降的伦敦雪上加霜。1970年之后，在资本主义国家经济滞胀的背景下，伦敦经济经历了一定的衰退。1979年，英国当局放弃固定汇率，转而采用浮动汇率制度。20世纪80年代，伦敦开始实施以银行业等服务业代替传统工业的产业结构调整战略。同时，伦敦进行了两次金融改革，再次奠定了英国金融业繁荣的基础。这些改革极大地推动了伦敦作为现代化全球金融中心的进程，增加了伦敦在金融城市博弈中的砝码，伦敦重新树立了其国际金融中心的地位。此时，伦敦金融中心的功能主要表现在两个方面：一级市场中的资金供给者和二级市场中的国际资本流动促进者。伦敦国际金融中心主要由以下几部分组成：商业银行，是储蓄者和借款者之间资本流动的媒介；证券市场；基金管理公司，包括养老基金和对冲基金；投资银行，业务内容涉及债券、商品、货币、股票等；保险公司，是专业的风险管理机构；联营公司，是伦敦金融城内的专业公司，在支持企业发展方面起到关键作用；衍生品，包括柜台衍生品、交易所衍生品、伦敦的交易者或是欧洲期货交易所的成员；国家机构，作为管理机构主要吸引世界各国银行的集聚，为银行的发展提供公共服务。[①]

在成为全球金融中心的同时，伦敦也具有了强大的交通枢纽功能。如表2.4和表2.5所示，伦敦在空港枢纽、金融枢纽、移民枢纽和信息枢纽四个方面都居于世界前列，展现出了自身在货物、服务、人员、资金、数据、通信和信息多个方面的强大流量能力。同时，伦敦在功能性机构的聚集能力上表现突出，具有很高的城市战略资源丰裕度、全球互联互通保障力、功能性机构运营便利度、功能性机构雇员生活宜居度和城市创新力。

表2.4 全球城市枢纽功能排名

流量排名	空港枢纽功能（货物、服务、人员流）	金融枢纽功能（资金流）	移民枢纽功能（人员流）	信息枢纽功能（数据、通信、信息流）
1	亚特兰大	伦敦	纽约	法兰克福
2	北京	纽约	洛杉矶	伦敦
3	伦敦	香港	香港	阿姆斯特丹
4	芝加哥	新加坡	多伦多	巴黎
5	洛杉矶	东京	迈阿密	纽约
6	迪拜	苏黎世	伦敦	洛杉矶
7	巴黎	波士顿	芝加哥	斯德哥尔摩
8	达拉斯沃斯堡	日内瓦	悉尼	旧金山
9	雅加达	法兰克福	旧金山	迈阿密
10	香港	首尔	莫斯科	东京

资料来源：周振华、洪民荣主编《全球城市案例研究》，格致出版社，2019，第73页。

[①] 李清娟、兰澜：《全球城市：服务经济与国际化——伦敦、纽约与上海比较研究》，同济大学出版社，2017，第43—44页。

表2.5 城市功能性机构集聚能力排名及得分

城市	功能性机构集聚能力排名（得分）	城市战略资源丰裕度排名（得分）	全球互联互通保障力排名（得分）	功能性机构运营便利度排名（得分）	功能性机构雇员生活宜居度排名（得分）	城市创新力排名（得分）
伦敦	1（87.61）	1（22.81）	3（10.22）	3（16.59）	2（21.72）	1（16.27）
纽约	2（84.47）	2（21.71）	4（10.18）	1（16.79）	4（20.10）	2（15.70）
巴黎	3（82.34）	5（20.42）	7（8.70）	4（16.42）	1（21.86）	4（14.94）
东京	4（78.30）	7（18.56）	5（9.92）	5（15.34）	3（20.20）	5（14.27）
香港	5（76.95）	3（20.86）	1（10.61）	2（16.76）	6（17.88）	9（10.83）
新加坡	6（74.62）	6（19.43）	8（8.45）	6（14.70）	5（18.30）	6（13.75）
首尔	7（71.09）	9（17.04）	9（8.41）	7（13.11）	7（16.90）	3（15.63）
北京	8（67.51）	4（20.47）	2（10.30）	8（12.48）	13（13.18）	7（11.08）
上海	9（61.07）	8（17.65）	6（9.06）	13（9.64）	10（13.75）	8（10.97）
吉隆坡	10（59.37）	10（16.49）	11（6.85）	10（11.16）	9（14.93）	10（9.95）
莫斯科	11（57.01）	15（12.64）	12（6.70）	9（11.40）	8（16.42）	11（9.85）
伊斯坦布尔	12（53.11）	13（14.93）	13（6.51）	12（9.76）	12（13.48）	12（8.44）
曼谷	13（52.66）	14（13.78）	10（6.93）	11（9.89）	11（13.72）	13（8.34）
雅加达	14（48.62）	12（15.01）	14（6.46）	14（8.34）	14（11.42）	15（7.39）
孟买	15（45.26）	11（15.23）	15（6.19）	15（7.27）	15（9.10）	14（7.47）

资料来源：庄德林、罗碧静、陈信康：《"一带一路"节点城市功能性机构集聚能力评价》，《技术经济》2018年第3期，第122—130页。

注：排名后括号中的数字是城市在该项指标的具体评分，100分为满分。

伦敦的科技创新和新兴经济的发展是21世纪以来伦敦城市国际交往新的亮点。伦敦拥有顶级的科研实力，尤其在生命科学、数字经济等领域独占鳌头，具有科研机构多、产业集群强、研发投入大、创新成果多、优质人才富足等特点。伦敦的科研实力既表现在数量上也表现在质量上：仅在2008—2017年，伦敦申请并公开了15607项PCT专利，共15509个专利族，其中高质量专利和被引用专利处于较高水平；同时在这十年间，伦敦每年发表重要论文（SCI、CPCI）数量呈现出平稳的增长趋势，其中2017年伦敦发表重要论文44543篇，单篇最高被引用2223次，在全球城市中居于领先位置。①

伦敦被认为是世界上最重要的新兴经济发展城市，出现了数字公司扎堆的"科技城"，同时科技岗位也从1981年的21.9万个增长到了2013年的61.7万个。伦敦借助其世界城市和金融中心的地位，发挥国际教育、商贸网络、各国人才以及资源匹配的优势，积极参与到新一轮的科技创新浪潮之中，实现了以金融科技为催化剂的众多行业的科技创新，引领以知识产权为盈利点的重要文化创意产业。伦敦不仅强调政府对科技创新以及初创企业的扶持和资助，而且强调引入多元市场竞争机制，形成不同类型和等级的科技簇群和聚集。

在伦敦的产业分布里，新型科技产业成为该市未来的发展重点。伦敦坐拥多所世界顶尖大学和一流科研机构。科研力量的集聚为伦敦发展人工智能、医疗、新能源等科技产业提供了人才储备和技术支撑。该市还通过给予优惠政策和补助等方式来吸引世界顶尖科技公司落户伦敦，为未来的科技产业布局打下坚实基础。此外，伦敦在科技产业发展中带来了扩散效应。伦敦作为英国的政治、经济、文化、科技中心，与周边具有发展科技潜力的地区耦合互动，形成能够辐射全国乃至欧洲大陆的"研究—学习—生产—应用"的科技产业集聚规模。

至于新兴的科技产业，伦敦形成了有利于其发展的动态生态体系，主要包括两个过程。一是聚集，形成了科技产业各项基础配备（包括软件和硬件两个方面）的迭代发展，刺激和支持科技商业发展。二是簇群，既包括地理意义上的公司簇群，也有在线工作平台上的产业合作。②

二、稳定包容的政治环境

伦敦在国际上是英国的一张名片，英国政治始终影响着伦敦的国际交往。从总体上看，英国国内政治系统和政治制度始终长期处于相对稳定的状态，政府具有足够的合法性以维持统治和治理，对政治根基具有重大威胁的政治危机尚未出现。"自由"和"保守"的意识形态之争不仅左右着英国政坛的发展方向，也影响着伦敦"卫冕"的过程和英国国内民意的动态趋势，同时意识形态的斗

---

① 顾震宇等：《2018国际大都市科技创新能力评价》，上海科学技术文献出版社，2018，第124—129页。

② 杨滔：《伦敦科创产业发展纵览》，https://www.sohu.com/a/362783364_651721，访问日期：2020年9月15日。

争始终保持在一个合理的范围之内，英国国内政治的动态平衡使伦敦不必囿于政治治理的困局。但近些年来，脱欧公投引发的信任危机、因苏格兰谋求独立引发的领土完整性危机，以及因恐怖主义、气候治理、重大疾病威胁导致的非传统安全问题等，在逐步挑战英国政治体系的弹性，也对伦敦如何整合国内政治力量、保持城市政治竞争力、增强自身在国际场合代表英国发声的合理性提出了挑战。

为此，伦敦继续坚持其包容、开放、多元的政策，在城市治理中秉持传统的价值理念，从政治力量的"融入"和政治影响的"输出"两方面来赢得国内政治层面的博弈。一方面，伦敦在加强国内城市间或区域内部的联系，或利用政治体系下的大型事件（如全民公决、公投、大选）包容吸纳国内不同利益集团的多种价值观和政治意见，以争取国内层面的认可。另一方面，伦敦发挥作为政治中心的地缘效用，优先部署英国的国家政策和重大安排（如举办奥运会、北约集团峰会），利用扩散效应输出其政治影响力，以争取国内大多数人的立场趋向一致，进而为伦敦在国际议题中作为英国城市的代表巩固基础。

在国际政治方面，英国的对外关系对象主要包括以欧盟为主体的欧洲国家、以英美特殊关系为基础的美国伙伴、以北约为核心的防卫合作集团、以中国等新兴经济体为代表的经济贸易伙伴。2020年"脱欧"进程画下句号，英国正式脱离欧盟，但两个国际政治主体之间仍有诸多裂隙需要弥合。不同于巴黎、布鲁塞尔、罗马和柏林等欧盟城市，英国"脱欧"后使得伦敦在国际政治场合的话语权有所下降，即伦敦只能代表英国这一相对孤立的政治力量做出国际承诺。在气候变化、重大疾病控制、跨国经贸联系和打击恐怖主义等需要国家间通力合作的领域，伦敦的影响力则显得有些乏力。

在上述背景下，伦敦首先选择以加强与欧盟城市的政治、经济、教育、旅游、文化等领域的合作作为发力点，推广城市国际友好合作，确保城市运转、治理和居民生活不会因为英国与欧盟关系的重大变动而受到挫折。其次，不同于美国共和党掌握政权后的态度，伦敦在英国保守党日渐强大的今天仍坚定地留在国际合作框架内，有力地支持了在气候环境、跨国就业和集体安全方面的国际合作，对于其保持全球领先地位有着积极作用。再次，在英美关系方面，伦敦保持在"伦敦—纽约合作计划"下与纽约的各方面合作，在这层关系维度下，伦敦的发展舞台受到两国之间政治关系的限制，可迂回余地大大减少。最后，在以各全球性国际组织、区域合作组织、防务合作组织为基础的对外关系及与新兴经济体的联系方面，伦敦主要发挥主场外交的功能，为设置国际议题、召开国际会议、达成国际合作等提供平台。

伦敦是英国王室、立法机关、行政机关以及各政党总部的所在地，在国际交往方面可发挥特殊作用。威斯敏斯特宫是英国议会上下两院的活动场所，故又称为议会大厅。议会广场南边的威斯敏斯特大教堂，是英国国王加冕及王室成员举行婚礼的地方。白金汉宫是英国王宫，坐落在西伦敦的中心区域，是英国王室成员生活和工作的地方，也是英国重大国事活动的场所。白厅是英国政府机关所在地，首相办公室、枢密院、内政部、外交部、财政部、国防部等主要政府机构都设在该地。白厅的核心是设在唐宁街10号的首相府，它是英国历代首相的官邸。政治中心的地位使得伦敦在主场外交和首脑外交方面具有独一无二的优势。伦敦积极通过作为主场外交平台来推进全球城市建设进程。在伦敦聚集了包括国际海事组织、国际妇女同盟、社会党国际等多个国际组织的总部，多次国际领导人峰会、地区热点和谈等国际会议也在伦敦召开。伦敦地理位置优越，是国际主要航线的交会点，拥有完备的航空枢纽和发达的基础设施建设，在承接大型国际会议方面有悠久的历史传统，也是众多国际组织的诞生地。主场外交虽然是以国家为主体，但对于伦敦来说，主场外交平台带来的国际影响力和附加价值有助于其推广城市形象，扩大城市对外宣传。

除了政府机关和政府首脑，英国王室在外交中也发挥了一定的润滑剂作用。英国一直很重视利用王室的影响力拓展外交。2014年4月，威廉王子夫妇曾携不满一周岁的乔治王子访问澳大利亚和新西兰，舆论称之为"尿布外交"。这一以王室成员为主体的外交活动具有两个方面的重要意义。一方面，可以对英国传统政治文化进行宣传，强调英国王室的光辉历史。另一方面，英国王室的外交活动可以与英国政府的外交政策相配合，通过王室特殊的政治情感纽带，可能实现政府外交无法完成的任务。[①]

[①] 李明波：《威廉王子：英王室外交的亲和牌》，2015年3月3日，人民网，http://world.people.com.cn/n/2015/0303/c157278-26625474.html，访问日期：2020年9月17日。

在城市交往方面，伦敦发展国际友好城市并举办了具有全球影响力的重大会议和赛事。伦敦现有 24 对友好城市，分别是阿尔及尔、北京、柏林、波哥大、布宜诺斯艾利斯、开罗、伊斯坦布尔、雅加达、约翰内斯堡、科伦坡、科威特市、莫斯科、孟买、新德里、纽约、奥斯陆、巴黎、罗马、圣地亚哥、上海、索菲亚、德黑兰、东京、萨格勒布。伦敦不看重友好城市数量上的增长，而注重友好城市交往的实质内容。①

此外，成为全球城市以来，伦敦一直是众多国际会议的举办地。同时，伦敦具有很强的会展能力。在张敏所提出的 2016 年世界会展城市能力排名中，伦敦居于第五位（如表 2.6 所示）。

表 2.6　2016 年世界会展城市能力排名

排名	城市	所属国家	排名	城市	所属国家
1	巴黎	法国	6	杜塞尔多夫	德国
2	法兰克福	德国	7	科隆	德国
3	上海	中国	8	米兰	意大利
4	汉诺威	德国	9	慕尼黑	德国
5	伦敦	英国	10	广州	中国

资料来源：张敏：《中外会展业动态评估研究报告（2016）》，社会科学文献出版社，2016，第 77—78 页。

伦敦也是重要的奥运城市，是迄今为止举办奥运会最多的城市（分别于 1908 年、1948 年和 2012 年举办过奥运会），具有悠久的赛事举办传统。另外，伦敦举办单项体育赛事也有悠久的历史传统，如作为网球四大满贯赛之一的温布尔顿网球公开赛已形成独特的赛事品牌。②在体育赛事的举办中，伦敦积极将赛事作为参与全球治理的桥梁，进一步扩大影响力。当今世界流行的体育运动中起源于英国的有现代足球、羽毛球、板球、网球等。每年在伦敦都会有盛大的体育赛事举办，如在全球受到热烈追捧的英格兰足球超级联赛，有多达六支

---

① "Sister Cities of London," http://en.sistercity.info/sister-cities/London.html, accessed September 17, 2020.
② 温布尔顿网球公开赛的独特之处还表现在它是网球四大满贯赛（澳大利亚网球公开赛、法国网球公开赛、温布尔顿网球公开赛和美国网球公开赛）中唯一一个不以国家命名的赛事，这更加展现出其独特性。

球队主场设在伦敦。欧洲足球冠军联赛、伦敦马拉松等国际性体育赛事也为伦敦带来了不菲的收入。伦敦在2012年成功举办第30届夏季奥运会，体育盛会带来的各项收益帮助伦敦超越了纽约。

伦敦不仅是英国的政治中心，还是许多国际组织总部的所在地，其中包括国际海事组织、国际合作社联盟、国际笔会、国际妇女同盟、社会党国际、国际特赦组织等。在总部设在伦敦的国际组织中，最具代表性的非政府组织就是24个国际人权非政府组织，展现出了伦敦在人权问题中的桥头堡作用。

三、丰富的文旅资源、领先的文化创意产业

伦敦有4项世界文化遗产、149座纪念碑、143座公园、600多个历史文化广场、200多座博物馆和美术馆、480多座运动场所、108座剧院和音乐厅以及近400个图书馆等。可以说，不论是总数量上还是丰富程度上，伦敦享有的文化资源在世界范围内都屈指可数。

伦敦的艺术、娱乐形式也极为丰富。在伦敦西区聚集着数十家历史悠久的剧院，这里成了伦敦乃至英国戏剧文化的集中展示窗口。高度发展的戏剧产业不仅增强了伦敦的文化竞争力，还带来了数量可观的经济效益。伦敦拥有丰富的名胜古迹和旅游资源，如：大本钟、威斯敏斯特教堂、格林尼治天文台、伦敦塔、白金汉宫等；每年有卢米埃尔灯光节、圣诞月、国际时装周等风靡全球的展览活动；而在10月的最后一个周四、周五、周六，伦敦的各大博物馆都会延长对外开放时间，让游客体验到夜间博物馆的魅力。

在传媒方面，伦敦也是全球重要的传媒中心，是多家媒体巨头的总部所在地。在时尚方面，伦敦是著名的四大时尚城市（巴黎、纽约、米兰、伦敦）之一。在音乐方面，伦敦有包括伦敦交响乐团在内的5个专业乐团。在戏剧方面，伦敦西区聚集了多家著名剧场。

同时，伦敦积极推动海外文化输出，传播英伦文化理念、生活方式和审美情趣，在世界范围内扩大英伦文化产品和服务的受众，放大伦敦的文化影响力，如吸引世界各地的精英进行国际交流，以及开发和利用莎士比亚戏剧、英国皇室、披头士、哈利波特等文化品牌效应，向全世界输出文化产品。伦敦的国际旅游业非常发达。伦敦常年稳居全球旅游目的地城市的前三名（如表2.7所示）。同时，伦敦政府于近年推行伦敦—伙伴计划，通过多种形式的国际合作，

进一步提升伦敦的国际影响力，促进伦敦国际旅游业的发展。

表 2.7　2012—2016 年全球旅行目的地城市的国际游客数量

单位：百万人

排名	城市	2012 年	2013 年	2014 年	2015 年	2016 年
1	曼谷	15.82	17.47	17.03	19.59	21.47
2	伦敦	15.46	16.81	17.40	18.58	19.88
3	巴黎	15.76	17.20	17.19	17.66	18.03
4	迪拜	10.95	12.19	13.21	14.20	15.27
5	纽约	10.92	11.38	12.02	12.37	12.75
6	新加坡	11.10	11.90	11.86	11.63	12.11
7	科伦坡	9.63	9.89	11.69	11.19	12.02
8	伊斯坦布尔	8.82	9.87	11.27	11.91	11.95
9	东京	4.89	5.40	7.68	10.43	11.70
10	首尔	7.51	8.03	9.84	9.26	10.20

资料来源：Yuwa Hedrick-Wong and Desmond Choong, "Global Destination Cities Index," https://www.mastercard.com/news/media/1m1dffxp/mastercard-global-destination-cities-index-report-2016.pdf, p. 6, accessed September 17, 2020。

伦敦国际交往的一个亮点是大力发展文化创意产业。根据英国文化传媒体育部对文化创意的定义，文化创意产业是指源于个人创造力、技能与才华的活动，这些活动通过知识产权的生成和利用创造财富与就业机会。伦敦政府对文化创意产业的扶持表现在四个方面：对文化创意产业的基础调研、科研工作，保证政策的连贯性和科学性；注重数字化对文化创意产业的影响；提供完整的文化创意产业政策；加强文化创意企业资金扶持。[1]

在雄厚的文化实力基础上，伦敦制定了打造文化首都战略，彰显英国和伦敦的国际影响力。2004 年，伦敦制定了城市第一个文化发展战略《伦敦：文化首都》，提出要把伦敦建成具有创造性的世界优秀文化中心的战略目标。2008 年，伦敦政府发布了《文化大都市——伦敦市长 2009—2012 年的文化重点》，

---

[1] 李清娟、兰澜：《全球城市：服务经济与国际化——伦敦、纽约与上海比较研究》，第 59—60 页。

认为伦敦仍然是世界上最为重要的文化艺术城市，并认识到文化创意产业起着至关重要的作用，主张政府不断地支持和投资。2010年，伦敦政府发布《文化大都市区——2012年及以后》，继续推动伦敦作为文化之都的建设。在打造文化之都的建设中，伦敦政府的措施主要体现在：推动文化发展战略与城市整体发展相结合，在世界文化之都的发展战略中明确伦敦作为"卓越的创新文化国际中心"，确立文化创意产业为城市的核心产业，组建文化产业的特别工作组进行政府部门之间的协调工作，拓宽文化工作的领域和渠道，确保对伦敦的文化创意企业和职业人士的支持是高度专业和高品质的。

四、完善的社会保障体系、智慧城市管理和多元化社区

作为全球城市的伦敦有较为完善的社会保障体系，主要表现在收入分配、社会治理和社会救助与健康保障三个方面。首先，在收入分配上，伦敦家庭的总收入与可支配收入相当，收入分配较为合理，家庭收入与可支配收入增长速度要高于全国平均水平。其次，在社会治理方面，由于行业竞争、就业压力、生活成本和外来劳工等原因，伦敦的失业率要高于英国的其他地方。随着伦敦全球城市建设的不断深入，外来群体与本地居民因文化差异、生活习惯等原因造成的冲突有增加的趋势。跨国恐怖主义近年来也策划了多次在伦敦的恐怖主义活动，严重影响了社会治安。这些现象虽然导致伦敦的犯罪率相对较高，但近年来呈现趋好的态势，2001—2013年伦敦的犯罪率下降了55.9%。最后，在收入分配和社会治理存在社会风险的情况下，伦敦完善的健康保障确保了伦敦社会的稳定运行。英国是一个高福利的国家，多元的社会救助和健康保障制度保障了边缘群体和低收入群体的生活。

为有效制定和实施城市可持续发展战略，伦敦政府出台了《智慧伦敦路线图》，提出了五方面任务：设计、数据、连接性、技能和协作。与之相对应，政府认为围绕所有大型组织有五方面工作可做：一是专注设计，围绕公民/用户进行设计；二是增强有关数据的共享能力，不仅是建设平台，还包括实际共享数据及创建数据共享的文化、法律协议等；三是改善数字连接，使城市更紧密地连接在一起；四是提升公共服务的数字技能，以了解技术可以为公民提供更好的服务的可能性；五是组建新的数字时代机构——伦敦技术和创新办公室参与工作，以更好地开展项目合作。① 同时,伦敦参与了欧洲的公共空间孵化器项目。此项目能够提供一些手段和工具,促使城市利益攸关方积极参与地方的治理工作,包括将新技术嵌入参与式的规划过程、在线平台和场景(伦敦大学学院参与)、构想众包和项目众筹(获取财务资源并提供管理附加值)等方面。公共空间孵化器有助于加强专业知识的扩散,及时对治理效果进行反馈,以便进一步调整相应的治理措施。②

最重要的是,伦敦坚持多元、开放、包容的价值理念,还通过伦敦—伙伴计划举办以"伦敦开放"和"卢米埃尔伦敦"为主题的文化活动。"伦敦开放"主题活动旨在宣扬伦敦的城市包容性,宣传其对于少数族裔、移民后裔、不同肤色、不同人种的平等对待,加强外来人群对于伦敦城市文化的认同。该活动联合了伦敦市内多个博物馆、知名地标建筑、剧院,利用社会公众人物和知名艺术家代言,通过视频、海报、标语等媒介,采用线上线下相结合的手段,向世界展示伦敦的饮食、家庭活动、地铁艺术等文化特色,以激发社会不同人群的共情能力,增强其对伦敦城市的归属感和认同感。国际移民在伦敦的发展中具有重要的作用。根据英国国家统计局的预测数据,2014—2037年的平均年国际净迁入人口大致相当于2014年总人口的19%,大量的外来移民为伦敦城市的发展注入了活力。伦敦是一个被移民接纳和认可的城市,大量移民使伦敦成了世界上最多元化的城市之一,使得伦敦成了具有世界主义倾向的城市。但在民粹主义泛滥和英国"脱欧"的背景下,人口迁移治理正在经受挑战,加之新冠疫情的影响下,伦敦的世界主义和多元文化倾向也面临着威胁。

刘易舍姆区是伦敦多元文化社区建设的代表。刘易舍姆区白人占总人口的57%,外国出生的居民占该市人口的27%,第一代和第二代移民约占32%,加勒比海地区黑人占13.40%,非洲黑人占11.40%,其他地区黑人占5.7%,印第安人占2.1%。③ 多元化的种族构成给刘易舍姆区的社区治理带来了挑战。该自

---

① 戴海雁、张宏:《智慧城市的实施计划——以〈智慧伦敦路线图〉为例》,《国际城市规划》2020年第3期,第1—10页。

② 中欧可持续发展报告课题组:《城市可持续发展:中欧的主要挑战与优秀案例》,中国社会科学出版社,2019,第91—103页。

③ "London Lewisham, United Kingdom-Intercultural City," https://www.coe.int/en/web/interculturalcities/london-lewisham, accessed September 17, 2020.

治区建立了一系列的多元文化社区，提出了刘易舍姆建设计划，包括提供2000个新工作岗位，改善交通（包括萨里运河的新站和伦敦东线2期扩建），建设多信仰社区中心，建立商业和创意孵化中心，改建体育场，建立新的公共空间，建造2500套新房屋等。同时，刘易舍姆区提出了平等计划，提出在年龄、残疾、种族、性别、婚姻/民事伴侣关系、孕产、宗教或信仰、性和性取向等方面实现居民的平等。

综上所述，伦敦城市国际交往是经济领域、政治领域、文化领域和社会领域的多领域、多因素的动态发展过程。政治、经济、文化和社会四个领域分别有不同的要素进行作用，但如同四个领域是密不可分的一样，各个要素也是紧密联系的，共同作用于伦敦全球城市国际交往的过程，如图2.2所示。

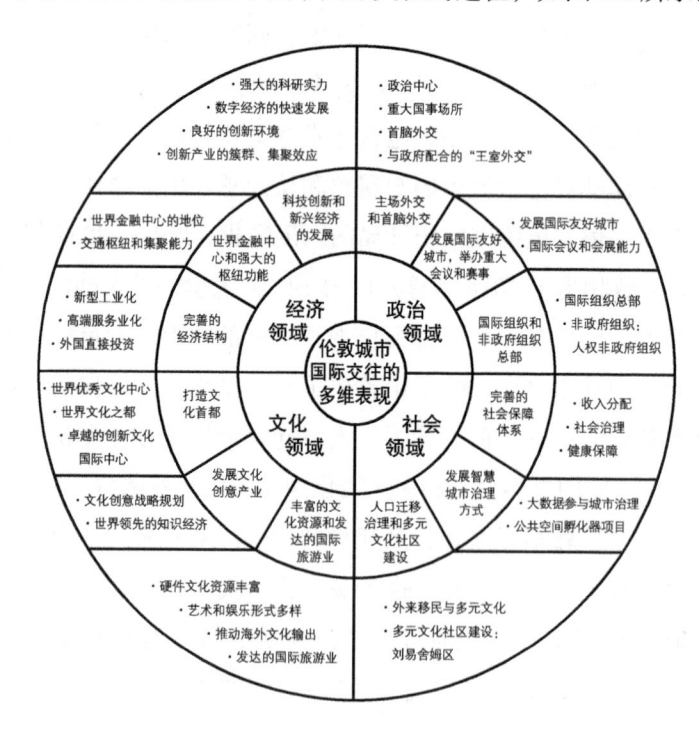

图2.2 伦敦城市国际交往的多维表现

资料来源：作者自制。

第三节　伦敦的全球影响力建构

在全球城市的发展中，部分科研机构和咨询公司开始对全球城市的发展程度进行评估和排名。对全球城市指标体系的研究，早期主要是对单项指标的考察，特别是对经济指标的考察，如跨国公司的数量、城市的经济控制能力、航空交通联系的便捷程度等。其中，对跨国公司的研究影响最为深远，在这一类的评价体系中，拥有跨国公司总部数量越多且等级越高的城市会有更强的经济控制能力，从而在全球城市等级体系中具有较高的地位。全球化与世界城市研究网络根据175家顶级的生产性服务业跨国企业总部与分支机构在世界526个重要城市的分布情形进行分析，建立了城市与企业的服务价值的矩阵进行全球城市的排名。

随着全球城市内涵越来越丰富，为了全面地反映全球城市的特征，大量学者与研究机构采用建构综合性的指标体系来判别全球城市，出现了多种形式的评价指标，如世界银行的"全球城市指标"、联合国人居署的"城市指标项目"与"城市发展指数"、英国"未来论坛"的"可持续城市指数"、全球城市竞争力指标体系、伦敦世界城市文化指数等。上述指标体系和排名依据涵盖了可持续发展、全球治理、机会、宜居、创新、竞争力和幸福感等领域。

本研究根据全球化与世界城市研究网络、科尔尼管理咨询公司的全球城市指数报告和日本森纪念财团旗下的都市战略研究所发布的全球城市实力指数报告对伦敦的全球城市排名进行分析。

一、全球化与世界城市研究网络中的伦敦全球城市排名

在2020年的全球化与世界城市研究网络排名中，伦敦和纽约再度成为"全球双骄"，并列Alpha++的领先位置，即在所有参评城市中，伦敦和纽约要明显优于其他所有城市。近十年（2010—2020年），伦敦和纽约一直牢牢占据着榜单前两名的位置，两座城市之间互有博弈，在部分领域不分伯仲。全球化与世界城市研究网络的2020年全球城市排名（Alpha级及以上）见表2.8。

表2.8　全球化与世界城市研究网络的2020年全球城市排名（Alpha级及以上）

Alpha++级（共2个）	Alpha+级（共7个）	Alpha级（共15个）		Alpha-级（共26个）	
伦敦	香港	悉尼	墨西哥城	华沙	旧金山
纽约	新加坡	洛杉矶	圣保罗	首尔	卢森堡
	上海	多伦多	芝加哥	约翰内斯堡	蒙特利尔
	北京	孟买	吉隆坡	苏黎世	慕尼黑
	迪拜	阿姆斯特丹	马德里	墨尔本	新德里
	巴黎	米兰	莫斯科	伊斯坦布尔	圣地亚哥
	东京	法兰克福	雅加达	曼谷	波士顿
		布鲁塞尔		斯德哥尔摩	马尼拉
				维也纳	深圳
				广州	利雅得
				都柏林	里斯本
				台北	布拉格
				布宜诺斯艾利斯	班加罗尔

资料来源："The World According to GaWC 2020," https://www.lboro.ac.uk/microsites/geography/gawc/world2020t.html, accessed September 19, 2021。

在2000—2020年的全球化与世界城市研究网络排名中，伦敦均被评为Alpha ++城市，说明伦敦长期以来保持了高度的跨国公司全球网络化，具有很高的全球城市发展水平。

二、全球城市指数报告中的伦敦全球城市排名

科尔尼管理咨询公司于1926年在芝加哥成立，目前在40多个国家设有分支机构。其全球城市指数报告首次发布于2008年，由公司与国际顶级学者和智库机构联合发起。报告基于对超过130个城市的事实和公开数据深入分析，旨在对全球城市的国际竞争力与发展潜力进行系统评估。

全球城市指数报告跟踪城市随着人口增长和世界经济增长放缓而采取的行动方式。评估基于一个城市的经济地位、全球化发展程度、人力资本、信息和

技术、文化经验以及政治参与度等指标。在全球城市指数报告中包含全球最具竞争力的城市和全球最具发展潜力的城市两个主要评价排名。

纽约、伦敦和巴黎在全球最具竞争力的城市排名中居前三位，这三个城市同时保持了长达十年的主导地位。与此同时，伦敦位于全球最具发展潜力的城市排名之首，多伦多、新加坡、东京和巴黎分列第二至第五名。在该机构近十年的报告中，纽约在全球城市竞争力排名中始终领先于伦敦，但伦敦也在持续发力，不断缩小与纽约的差距，甚至在文化方面已经超越大洋彼岸的竞争对手。相比于纽约，伦敦似乎拥有更为光明的前景。科尔尼管理咨询公司近年来对伦敦未来城市发展趋势保持着积极的看法，伦敦在全球最具发展潜力城市中的排名不断上升。以 2019 年和 2018 年的全球最具发展潜力的城市排名作为参考，伦敦继续前进两名，反超旧金山成为第一，而纽约则从榜眼位置一路下跌到第 24 名。虽然关于英国"脱欧"进程对伦敦城市发展的影响尚未预见，但对比欧洲其他主要城市的停滞不前，伦敦依然表现出了较为强大的发展潜力。[①]

伴随英国"脱欧"的进程，许多政府和企业领导人已对欧洲主要城市伦敦、巴黎、布鲁塞尔、柏林等的经济发展形势表现出了担忧。

三、全球城市实力指数中的伦敦全球城市排名

日本森纪念财团旗下的都市战略研究所自 2010 年起发布全球城市实力指数报告，通过衡量经济、研究和开发、文化交流、宜居性、环境和交通便捷度等六个主要领域的状况来提供多维的城市排名（如图 2.3 所示）。同时，还可以通过分析排名的特定组成部分来把握不断变化的世界中全球城市的优势、劣势和挑战。全球城市实力指数报告的量化程度高，涵盖了全球城市发展的各个方面，提供了客观翔实的参考数据，有助于从全局视角看待伦敦在全球城市竞争格局下的"守成"地位和努力措施。

---

① "New Priorities for a New World-2020 Global Cities Index," https://www.kearney.com/global-cities/2020, accessed September 19, 2020.

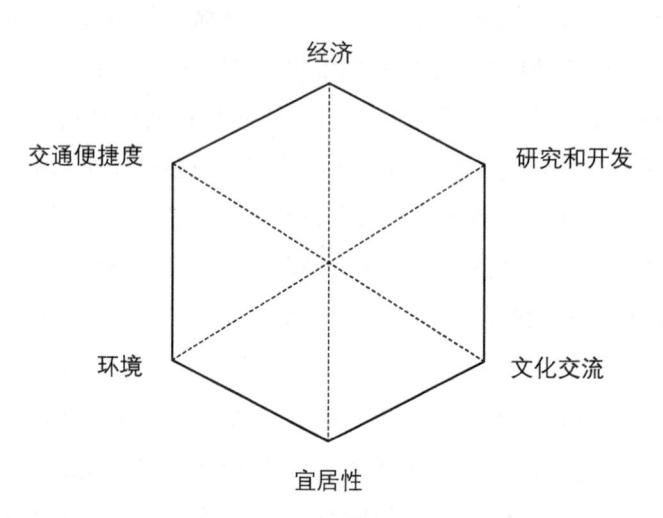

图 2.3　全球城市实力指数报告的评价内容

资料来源："Global Power City Index 2019," http://mori-m-foundation.or.jp/pdf/GPCI2019_summary.pdf, accessed September 19, 2020。

伦敦在 2019 年的全球城市实力指数排名中以较大的优势排名第一位，此前伦敦在历年的全球城市实力指数排名中都处于领先位置。

虽然伦敦在全球城市实力指数排名中已连续 8 年保持第一名的位置，但各个维度的详细数据表明伦敦的综合实力有所下降，这种现象可能是英国"脱欧"的影响。但总的来说，伦敦 16 个文化互动指标中的 12 个排名前 5 位，仍然显示出其优越的实力。

我们尝试将城市的全球影响力分为结构性影响力、关系性影响力和塑造性影响力三个方面，以全球城市指数报告和全球城市实力指数报告排名的数据来分析伦敦在这三个方面的状况。

全球城市指数报告的相关排名中，伦敦在政治参与方面一直居于世界城市的前列。伦敦的结构性影响力提升主要表现在其积极参与国际组织和城市网络的建设，并主动与地区政府和商业部门的领袖建立联系。近年来，伦敦相继通过倡议 C40 全球城市气候治理网络等措施来扩大自身的结构性影响力。

在全球城市指数报告的相关排名中，伦敦在人力资本方面的表现较为出色，体现出了伦敦重视人力资本、发展新兴产业的政策取向。在经济活动方面，伦敦2015—2018年的排名有所下降，但在2019年强势反弹。在全球城市实力指数报告排名中，2015—2018年伦敦经济的得分趋势同全球城市指数报告排名中的变化趋势基本吻合，但2019年的经济得分是下降的，这有待于进一步研究。在交通和科研方面，伦敦的得分一直稳步上升，体现出了这两个方面对经济发展的促进作用。尤其是在科研方面，伦敦大力推进数字经济建设，并将其与文化创意产业以及基础设施建设结合起来，综合推进城市经济的发展。

在全球城市实力指数报告排名的相关得分中，2015—2019年伦敦文化交流的得分一直稳步上升，随着伦敦相继推出伦敦—伙伴计划等发展政策，发展文化创意产业，推动文化海外传播，伦敦的文化影响力进一步增强。同时，在全球城市指数报告的排名中，伦敦在文化体验方面的表现极其出色，体现出了伦敦作为世界文化之都的重要地位。

综合各类排名和指标，伦敦作为发展程度很高的全球城市，虽然受到英国"脱欧"等因素的挑战，但仍然在全球城市网络中占据了领先地位，表现出了很大的影响力。同时，大伦敦政府（Greater London Authority）在各个方面推出了一系列政策和战略以进一步提高伦敦的全球影响力，涵盖了商业与经济、教育、社区建设、艺术与文化、警务和安保、城市规划、交通运输等各个方面。从结构性影响、关系性影响和塑造性影响三个方面来看，伦敦政府为提高伦敦的全球影响力和促进城市发展实行了一系列政策及战略。

如表2.9所示，在结构性影响力方面，伦敦主要是通过市政府的对外交往战略，建立与国际组织和其他城市网络的联系；在关系性影响力方面，伦敦通过经济发展模式政策、数字经济发展政策和基础设施建设政策提高伦敦在全球经济中的地位和影响力；在塑造性影响力方面，伦敦推行多样性和包容性的社会政策以及推广艺术与文化政策，进一步巩固和提高伦敦世界文化之都的地位。

表 2.9 伦敦推动全球城市影响力建构的政策

影响力类型	政策类型	政策或战略名称	主要内容
结构性影响力	伦敦市政府对外交往战略	伦敦市长海外推广计划	推广伦敦、会见政治和商业领袖、建立合作伙伴关系
		驻国际组织和城市网络办事处	设立驻欧盟总部、欧盟区域网络与可持续运输组织、全球公共交通协会和致力于改善空气质量的竞争性区域网络办事处
关系性影响力	经济发展模式政策	经济发展战略	发展更公平、更具包容性的经济模式，推动伦敦经济增长
		"脱欧"业务支持	实行伦敦经济行动伙伴计划
		商业改善区	建立业务主导的商业发展区域
	数字经济发展政策	首席数字官员	确立数字经济发展的战略领导
		智慧伦敦董事会	构筑伦敦智能城市议程和数字基础设施投资的发展蓝图
		更智能的伦敦	打造"最聪明的城市"
		数字技术宪章	实现数字技术的公开化和透明化
	基础设施建设政策	基础设施协调服务	大范围改进基础设施建设
		2050 基础设施计划	造福伦敦人生活的方方面面
塑造性影响力	社会政策	多样性和包容性	实施基础设施建设的多样性、市长的多样性战略
	艺术与文化政策	世界文化之城	主导世界城市文化论坛
		多样化的文化项目	建立伦敦文化区、创意企业区

资料来源：作者自制。

第四节 案例分析

一、结构性影响力建构：以伦敦参与全球气候治理为例

伦敦是较早在气候和环境领域参与全球治理的城市，并逐步融入具体的治理架构中，如倡议 C40 全球城市气候治理网络，在这一过程中逐步建构了在气

候领域的结构性影响力。

伦敦前市长肯·利文斯通（Ken Livingstone）在21世纪初伦敦气候治理的发展中扮演了核心的作用。自其第一任期伊始，伦敦就制定了能源战略，将气候变化问题置于施政重点。为此，利文斯通采取了两大战略：促进就地可再生能源发电和热电联供及伦敦能源伙伴关系，旨在为伦敦节约能源和开发可再生能源消除障碍，寻找机会。同时，他推动建立了另外两项合作伙伴关系：伦敦气候变化合作伙伴关系和伦敦氢合作伙伴关系。前者的主要任务是为伦敦应对气候变化及极端天气提供专业化指导，合作伙伴涵盖环境、金融、卫生和社会保健、住房、政府、通信、交通等领域，旨在共同完成项目，分享知识，开展研究，制定应对方案和政策建议。后者的主要任务是研发新型氢技术。

同时，在增强伦敦参与全球治理的国际竞争力方面，伦敦市政府采取的城市外交策略发挥了至关重要的作用。作为应对气候变化的先行城市，伦敦走在了全球各大城市的前列。开展国际合作，建立国际机制和议程，以次国家行为体抱团取暖的方式影响国家决策，成了伦敦应对气候变化战略的重要组成部分。早在2005年伦敦就发起建立了C40全球城市气候治理网络，确立了伦敦在全球城市应对气候变化议程中的领导地位，围绕《克林顿气候倡议》实行减排计划，推动会员城市的可持续发展。C40全球城市气候治理网络的建立为政策建议、知识和资金流动提供了便利。

C40全球城市气候治理网络是一个致力于应对气候变化的世界特大城市网络，支持城市有效协作、分享知识并推动网络中的城市在气候变化问题上采取有意义、可衡量和可持续发展的行动。[1] C40全球城市气候治理网络战略的主要目标是展示城市如何引领发展，为城市提供催化行动和安全资源并积极影响政府间应对气候变化协定。

城市作为次国家层面中重要的经济、政治和文化聚合体，其内涵已经远远超出单纯的地理学概念，成为全球化多层治理中不可忽视的行为体和全球网络中的关键节点。[2] C40全球城市气候治理网络认为，全球大城市需要在节能减排

---

[1] "About C40," https://www.c40.org/about-c40/, accessed September 19, 2020.
[2] 李昕蕾、任向荣：《全球气候治理中的跨国城市气候网络——以C40为例》，《社会科学》2011年第6期，第37—46页。

行动中承担更多义务，因为大城市既是全球多数温室气体的排放来源，又随着人口的爆炸性增长而对能源消费的需求急剧增长。城市既是各方面生产资源的聚集中心，又是温室气体排放的最大源头。C40全球城市气候治理网络强调了大城市应对气候变化的特殊责任和关键领导作用。伦敦倡议建立C40全球城市气候治理网络既是对自身责任的履行，也在次国家层面建立了对气候治理议程和行动的领导地位。

C40全球城市气候治理网络在许多领域的合作卓有成效。在交通领域，该网络与全球城市合作，帮助引进和改善快速公交系统，从而引导市民更多地使用公共交通，改变出行习惯，减少温室气体排放。此外，该网络与迫切希望发展电动汽车的会员城市合作，帮助建立平台，分享经验和政策。在可持续发展领域，该网络推动建立可持续发展社区，推广成功经验和政策，分享资源，建立合作伙伴关系。在固体垃圾处理领域，提倡可持续的固体垃圾处理方式，改进垃圾回收、处理、再利用程序，减少处理不当引起的环境污染和温室气体排放。在能源领域，该网络提高建筑能源使用效率，充分利用研究成果，减少温室气体的排放。据统计，建筑的二氧化碳排放占到了会员城市排放量的42%。因此，减少建筑能源使用和二氧化碳排放对于节能减排具有重要的意义。除此之外，城市规划、绿色经济增长等领域也是该网络的工作重点。

C40全球城市气候治理网络聚集了伦敦、纽约、巴黎、柏林、北京等全球重要城市，会员遍及各大洲，在全球编制了一张气候治理网络，并在气候治理进程中逐渐建立命运共同体。而在此网络中，伦敦处于重要的节点和中心位置。

城市日常管理问题可以通过专家学者和顾问建议得以解决。而面对全球性的气候变化问题，任何一个城市都难以独立应对。因此，基于知识、信息、技术、策略等内容的全球性城市气候治理网络能够有效地沟通交流，统一行动，取长补短。跨国城市网络在气候治理上有不同的类型，C40全球城市气候治理网络以数据为基础，根据各会员城市自身实际情况，评估各个城市受到的气候变化威胁和影响，提出解决方案。

跨国城市气候治理网络中的城市在治理网络中形成了一种"回旋镖"的倡议模式和反馈机制。伦敦作为跨国城市气候治理网络中的重要领导者，在这一反馈调节中发挥了重要的作用。具体来说，跨国气候治理网络中的城市通过科学家共同体的建议、规范推动、层面扩展或借助其他行为体的杠杆作用参与全球气候治理，治理机制则进行反馈，如果倡议实现，则会对气候治理有积极作用，如果倡议不能实现，则重新返回城市治理网络，城市治理网络中的城市也会进行最优实践交流。[①]

从最初的能源战略制定，到确立气候变化应对政策的核心地位，最后到实现跨国城市气候治理网络并形成较为有效的城市参与机制，伦敦在这个过程中实现了从一个城市政策到全球范围内规范扩散，再到树立气候变化治理的城市领导者地位的目标。这个过程是伦敦建立秩序，提高结构性全球影响力的重要体现。

二、关系性影响力建构：以伦敦—伙伴计划为例

伦敦的国际友好城市合作有着独特的城市特色，主要通过官方的非营利性组织伦敦—伙伴计划来实现。伦敦—伙伴计划旨在和对伦敦的推广有兴趣的组织和人士合作，向全球讲述伦敦故事。

根据其官方网站相关报道，伦敦—伙伴计划是伦敦市的官方推广机构，负责伦敦地区的招商引资、高等教育以及旅游业在全球范围内的宣传和推广。该组织是一个非营利性的公私合作机构，其运作资金来源于市长办公室、欧洲国家基金以及其他合作伙伴和企业，因而是兼具官方和企业背景的宣传机构。伦敦—伙伴计划充分体现了伦敦推进国际友好城市建设的思路，即官商联合、政商互动。在官方的支持下，外来企业能够享有更多的来自伦敦的经济优势和市场条件，进而实现辐射英国全国乃至欧洲的目标。同样地，伦敦当局不断降低市场准入门槛，以更加优惠的招商引资条件来巩固其经济建设成果。伦敦—伙伴计划的董事会成员多是来自私营部门的行业专家，能够为不同行业的发展提供准确、便捷、专业的政策指导。同时，作为文化中心，伦敦也有着宣传自身城市文化和推广城市形象的需求。伦敦—伙伴计划的另一个目标就是吸引海外商业机构、活动组织者、留学生和外国游客到伦敦举办活动、接受高等教育和旅游。

---

① 李昕蕾、任向荣：《全球气候治理中的跨国城市气候网络——以 C40 为例》，第 43 页。

伦敦—伙伴计划是一种政企合作的发展模式，通过推动伦敦成为投资、工作、学习和旅游的世界领先城市来支持伦敦的城市发展。伦敦—伙伴计划面向的核心市场是北美、印度、中国、法国和德国，注重金融和商业服务、创新与生命科学、创意和旅游等与伦敦城市发展密切相关的行业，希望吸引更多的人才和投资，以推动伦敦的发展。

伦敦—伙伴计划共计划了对内投资、贸易及商业发展、商务旅游、大型活动、休闲旅游、高等教育和品牌声誉建设等七个方面的建设项目，并对每个项目的内容和衡量指标做了描述（如表2.10所示）。可以看到，项目的目标主要集中在提升经济效益和城市形象建设这两个方面。

表 2.10 伦敦—伙伴计划的项目内容

项目	内容	衡量指标
对内投资	吸引跨国企业在伦敦发展业务，并支持现有投资者在伦敦的发展	经济效益
贸易及商业发展	支持新创立的企业和已具有规模的企业的发展和国际化	经济效益
商务旅游	支持国际企业的活动和相关会议在伦敦举行	经济效益、参与度和城市形象
大型活动	在伦敦举行大型消费者活动，如体育赛事和节日活动	经济效益、参与度和城市形象
休闲旅游	支持旅游业的发展，吸引游客来伦敦旅游	参与度和城市形象
高等教育	与伦敦的大学合作，吸引国际学生来伦敦求学	经济效益、参与度
品牌和声誉	在目标受众中建立伦敦的全球声誉	参与度和城市形象

资料来源："'London & Partners' 2019/20 Business Plan," https://files.londonandpartners.com/l-and-p/assets/business-plans-and-strategy/london-and-partners-business-plan-201920.pdf, accessed September 20, 2020。

2018年伦敦—伙伴计划制定了一项三年战略，以图在日益严峻的全球环境下为伦敦招揽更多的人才和实现良好的经济增长。该计划创建了一个新的执行机构，覆盖有最大增长机会的领域和行业。

在这一计划中，伦敦市长是最重要的官方宣传渠道。为了支持市长的优先任务，推动伦敦成为世界领先的投资、工作、学习和参观城市，该计划提出了四个主要目标：提高伦敦的国际声誉；吸引国际游客，说服他们选择伦敦作为旅行目的地；引导其他国际关系行为体充分利用伦敦所提供的条件；帮助保留和发展伦敦的其他相关业务。

基于此，伦敦—伙伴计划提出了六项发展措施：通过影响企业选址决策和人才政策，并与包括大伦敦政府在内的合作伙伴合作，以招募人才；吸引和发展特定行业的企业，创造就业机会，通过外来投资推动经济增长，扶植更具包容性和可持续的潜在出口企业；鼓励游客选择伦敦作为旅行目的地，使游客体验整个城市的各种景点，推动旅游业的增长；创立多样化的文化场景，扩大游客的消费范围；吸引国际学生来伦敦求学，并鼓励他们在伦敦工作；在国际层面讲述伦敦故事，建立伦敦的国际声誉，并设定伦敦的发展愿景。

以 2017—2018 年为例，尽管受到英国"脱欧"、恐怖主义安全威胁、经济下滑以及来自发展中国家的竞争加剧的影响，伦敦—伙伴计划还是超前完成了三分之一的目标，主要集中在科技、文化、旅游、教育、对外经济合作等方面，为伦敦市带来了 3.91 亿英镑的经济贡献，创造了 7000 多个工作岗位以及协助 300 多家企业在伦敦扎根。

在科技交流方面，该机构连续三年举办了"伦敦科技周"，创下了欧洲最多人参加的科技活动记录——超过 5.5 万人参加。该活动主要围绕社会交际、网络、企业间伙伴关系的深化等主题，在伦敦塔、证券交易所等标志性地点举办了多场活动，先后展示了来自帝国理工大学的机器人和虚拟现实设备、可穿戴式智能终端，为伦敦的经济发展注入了强劲的科技动力。

在旅游业发展方面，伦敦—伙伴计划基于市长提出的"伦敦旅游展望"（Tourism Vision for London）项目，认为伦敦在 2025 年能够实现年游客超 4000 万的目标，并带来超过 220 亿英镑的经济收入。旅游业对于伦敦的城市发展来说有着重要意义，它带来的价值相当于整座城市 GDP 的 11.6%，并提供了 70 多万个工作岗位。2011—2017 年，伦敦—伙伴计划贡献了 6.44 亿英镑的经济效益，吸引了超过 8500 万名来自全球各地的游客。[①] 伦敦—伙伴计划将旅游宣传重点放在中国、印度、美国和阿联酋。为此，伦敦当局加强与公共交通、旅游业巨头、非政府组织的合作，如机场、希尔顿、英国酒店协会等，侧面体现了伦敦官商联动的国际交往特色。

在教育方面，伦敦—伙伴计划推进了一项名为"欢迎国际学生"（International Student Welcome）的教育计划，联合伦敦的 11 所大学，向全球留学生推广一个开放、包容、多元的伦敦。该机构利用汉语、西班牙语、意大利语等多种语言进行全球推介。在高等教育方面，伦敦坐拥世界排名前列的大学，同时兼具高生活质量和光明的就业前景，被 QS 世界大学排名（QS World University Rankings）称为全球最适合学生的城市。在中小学教育方面，伦敦也与位于美国、德国、法国等国的多个友好城市签订了合作协议，加强中小学生交流和访学活动。如德国外交部在其官网上表示，在英国"脱欧"的过程中，德国对英国的文化和教育政策应该更注重双边关系的发展，这涉及德语、高等教育及中小学教育项目的资助。德英友好城市关系应该发挥更多的作用。在基础教育方面，伦敦学校不仅注重通过夏令营、交换项目等使学生开拓国际视野，还通过联合举办教育论坛、召开峰会等方法来促进教师、教育部门官员之间的交流。

在经济领域，伦敦—伙伴计划主要工作重点包括两方面：一方面是积极与主要目标国家经济发展建设蓝图进行对接；另一方面是进行招商引资，包括吸引外来投资、给予外企优惠条件进驻伦敦、为高端人才提供良好待遇等。

2011 年迄今已有超过 200 家中国企业通过伦敦—伙伴计划在英国首都立足，中国已经成为伦敦的第二大投资来源方。该机构推动伦敦市与伦敦金融城公司（City of London Corporation）的合作，建立了一个数字中心来加强伦敦与中国在投资领域的经济数字化联系，创造了金融、科技、媒体和不动产等领域合作的机会。作为伦敦市长国际经贸项目的一部分，伦敦在 2017 年秋季派出了贸易代表团前往中国，在医疗、教育和金融科技领域进行深入交流，同时，负

[①] "What We Do," https://www.londonandpartners.com/what-we-do/leisure-tourism, accessed September 20, 2020.

责基础教育、虚拟现实以及商业的相关领导也对上海、深圳和香港进行了参观访问。

除了中国的相关城市以外，在英国"脱欧"的大背景下，伦敦还积极和欧盟成员国的城市建立经济联系。例如，伦敦与德国首都柏林自2000年以来就建立起了友好城市关系。"脱欧"进程开始后，双方市长就在柏林举行了以"脱欧、难民和一体化时代下都市的挑战"为主题的磋商会谈。2019年4月，伦敦副市长为伦敦—伙伴计划位于柏林的办事处揭牌，为双方合作化解英国"脱欧"带来的经济损失提供良好契机。2020年是两国首都结交为友好城市20周年，在双方市长的互访中，主要议题仍是英国"脱欧"及应对措施。新冠疫情的大流行使得双边许多实体项目被迫暂停，但双方仍保持着在线沟通，探讨如何应对疫情和从这一次危机中学习经验。[1] 此外，柏林和伦敦还在2020年初达成了一项金融科技合作项目，涉及金融行业的多家企业。伦敦承诺会继续对这些企业保持开放。这一举措保证了"无协议脱欧"情况下企业的利益，进而为伦敦保持其经济优势和区位吸引力助力。

作为世界上最具科技潜力的地区之一，美国旧金山湾区也自然成了伦敦—伙伴计划的重点目标地区。2008—2018年，美国对伦敦的投资近五分之一来自湾区的科技公司。伦敦—伙伴计划在全球范围内发起了名为"每个重要城市的背后"（Behind Every Great City）的运动，旨在将伦敦塑造成为一座包容的城市，主要面向美国西海岸的初创科技企业。该机构位于洛杉矶和旧金山的办公室也经常与当地企业爱彼迎、苹果、谷歌等举行贸易会谈，并制作短片，通过网络媒体推广伦敦。

伦敦—伙伴计划的资源配置有四个方面的内容（如图2.4所示）。首先是投资核心市场，即将市场资源集中到核心的行业市场中。2021年，核心市场的支出份额由2019年的73%提高到80%。其次是投资有影响力的决策，投资份额从2019年的75%提高到2021年的80%。再次是伦敦品牌建设的投资，2021年，推广伦敦整体品牌和声誉的营销支出比例提高到40%（2019年为30%）。最后

---

[1] "Städtepartnerschaft London," Der Regierende Bürgermeister Senatskanzlei, www.berlin.de_rbmskzl_politik_internationales_staedtepartnerschaften_london_artikel.9977.php, accessed September 20, 2020.

是优化伦敦本土和海外员工的比例，促进伦敦的国际化发展，将国际化员工的比例从2017—2018年的8%提高到2020年的15%。

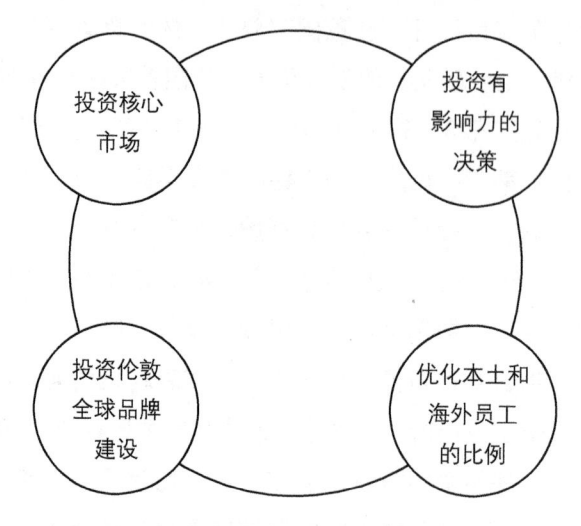

图2.4　伦敦—伙伴计划战略资源配置方式

资料来源：https://files.londonandpartners.com/l-and-p/assets/business-plans-and-strategy/london-and-partners-business-plan-201920.pdf，访问日期：2024年9月2日。

如表2.11所示，伦敦—伙伴计划就针对不同伙伴的运作方式进行了个性化、有区别的分类。其中多项任务，如印度留学生、德国娱乐活动等受到英国"脱欧"等政治因素的影响，并没有被列入。

表2.11　伦敦—伙伴计划对不同伙伴的运作方式

	北美	法国	德国	印度	中国
品牌	通过宣传网络保护品牌	通过宣传网络保护品牌	通过宣传网络保护品牌	通过宣传网络保护品牌	提高意识和感知
投资	维护优先领域的外国直接投资	保持外国直接投资——专注于扩大企业规模	维护优先领域的外国直接投资——重点扩大企业规模	重新平衡优先行业的投资渠道	重新平衡优先行业的投资渠道
贸易	促进优先领域的贸易	促进优先领域的贸易	促进优先领域的贸易	维护优先领域的贸易	促进优先领域的贸易
商业旅行	注重核心行业	注重核心行业	注重核心行业	准备增长	注重核心行业增长

续表

	北美	法国	德国	印度	中国
学生	吸引留学生	非首要任务	非首要任务	保证签证	吸引留学生
娱乐活动	关注目标受众	关注有针对性的活动	非首要任务	最大化相关领域的价值	增加游客人数

资料来源：https://files.londonandpartners.com/l-and-p/assets/business-plans-and-strategy/london-and-partners-business-plan-201920.pdf，访问日期：2024年9月2日。

根据伦敦—伙伴计划的目标，此计划的受众群体会多次从信息来源那里获取更有效的信息，随后，当伦敦的科技公司在其他地区进行投资时，就会得到更为准确的信息情报，从而形成城市—科技公司—领导者—受众的有效沟通网络。

通过伦敦—伙伴计划，伦敦进一步建立了与其他行为体（尤其是商业行为体）的关系，使伦敦在全球经济结构中的影响力进一步增强。同时，这种影响力也会扩散到其他领域，反映了伦敦提升关系性全球影响力的过程。

三、塑造性影响力建构：以2012年伦敦奥运会为例

作为截至目前举办奥运会次数最多的城市，伦敦是一座当之无愧的奥运城市。在2012年夏季奥运会的申办过程中，伦敦成功地将大型体育赛事的规划融入伦敦作为全球环境治理、气候治理领袖的国际角色。城市外交、公共外交和体育外交在这次奥运会中被完美地结合起来。[①]

在2012年伦敦奥运会的竞标中，伦敦推出了一项重大的绿色发展战略，将2012年奥运会与前所未有的城市可持续发展政策联系起来，建立大伦敦政府促进伦敦绿色领导力的独特方式，同时承诺2012年奥运会会成为"有史以来最绿色的奥运会"。在这一目标的驱动下，最典型的是2005年由大伦敦政府建立的伦敦气候变化局（London Climate Change Agency，LCCA）。在私营企业的支持下，伦敦气候变化局密切关注温室气体的排放问题，并执行由市长颁布的《气候变化行动计划》，确保将2012年奥运会办成完全低碳的奥运会。

[①] Michele Acuto, "World Politics by Other Means? London, City Diplomacy and the Olympics," *The Hague Journal of Diplomacy* 8, no. 3-4 (2013): 287-311.

在伦敦奥运会的比赛中，场地的设计不仅着重于确保绿色，也注重奥林匹克遗产：这包括利用现有场馆（如在温布尔登网球场举办网球比赛，在伯爵宫展览中心举办排球比赛），建造具有环保理念的新场馆（如伦敦碗），以及在标志性景点建设环保临时场馆（如海德公园举办沙滩排球比赛）。同时，奥运会规划中的重点也放在交通上，伦敦在通往奥运会的步行和自行车道上投资超过1100万英镑，同时提倡自行车等环保出行方式。

伦敦奥运会结束之后，最典型的可持续建设案例是伦敦东区的改造。伦敦东区在1980年码头倒闭之后一直处于萧条状态，经济发展水平落后。伦敦申奥成功后，伦敦政府将伦敦东区的重建作为奥运会建设项目的典型。2010年，伦敦东区加快码头重建和经济扶持，加之奥运会选址东区，意在进行"东区重建"，伦敦东区的经济有了复苏和发展。奥运会之后，金丝雀码头获得了重生，如今该地区成了重要的商业聚集区，伦敦东区的劳动生产率显著提高、国际竞争力有所增强。[①]

2012年伦敦奥运会显著促进了伦敦巩固全球绿色经济领导者的地位，这种影响效果呈现出了一种多维度、多方式和多层次的规范扩散模式。其中伦敦奥运会从申办竞标到竞赛组织，再到赛事对奥运资源的可持续利用，每个环节都贯彻了伦敦奥运会绿色和可持续发展的目标。这些发展目标不仅仅是传统的体育竞赛和城市治理内容，更是贯穿伦敦居民的日常生活，并超越了传统城市外交的作用，以一种互相建构、互相促进的方式塑造了伦敦的绿色领导者地位。

奥运会不仅是体育比赛的平台，还可以作为政治竞争和国际形象的重要展示渠道。2012年奥运会就成了伦敦向世界展示环境领导能力的重要途径。这种作用方式主要基于奥运会或其他体育比赛的特性，因为体育赛事的广泛代表性成为城市交流的核心桥梁，尤其是奥运会这样的活动使这座城市可以进行外向型创业活动，而这个过程很少被视为纯粹的政治活动。在伦敦奥运会的整个申请、举办和赛后城市利用过程中，伦敦政府都在利用这一平台向世界展现伦敦的绿色政策和可持续发展理念，提升了伦敦的塑造性国际影响力。

---

① 李清娟、兰澜：《全球城市：服务经济与国际化——伦敦、纽约与上海比较研究》，第137—145页。

作为英国的首都，伦敦在长期的历史发展中积淀了强大的政治、经济、文化实力，已经形成空间上多中心化、城市职能多元化、增长动力多极化等特征，并成为真正意义上的国际交往中心。伦敦国际地位的积累经历了漫长的历史过程，城市发展和国际交往与英国的国家进程呈同步趋势。地理大发现以来，殖民帝国将世界融入以欧洲为中心的世界体系之中，欧洲城市范式的传播与世界城市网络的建构成为这一历史过程的空间表达，体现出"帝国的文化结构及其积累而成的驱动力"，全球城市成为帝国统治的延续，潜藏着"帝国基因"。[①] 资产阶级革命完成之后，伦敦继续作为英国的首都履行其政治职能，并在资本的原始积累过程中逐渐实现"世界经济中心"的转变。在经济全球化的现当代，伦敦进一步利用其优越的地理位置、强大的经济实力、自由宽松的投资环境等优势，牢牢占据着全球城市的前列位置。伦敦凭借其世界金融中心的地位，利用科技、资金、人才等优势与友好城市广泛开展经济、文化、科技、教育、旅游、气候等领域的合作。

伦敦成为世界顶级的国际交往中心主要依赖于以下几点优势。

一是与世界的连接性。伦敦是联通欧洲乃至全世界的交通枢纽。比如，每个月从伦敦所有机场航站楼起飞10万架次航班，体现出伦敦强大的交通能力。

二是多样性。伦敦人口众多且多样（几乎1/3人口为非洲裔和亚裔），在未来几年，80%新增工作年龄人口将是非洲裔和亚裔。同时，伦敦居民常用语言有300多种，为世界城市之最。

三是作为世界上最大的金融中心之一，也是国际总部集聚中心。金融业是伦敦的支柱产业，伦敦是全球最重要的银行、保险、外汇、期货和航运业中心。全球大约45%的货币业务（较纽约和东京之和还多）在伦敦完成交易，全世界的跨国公司和金融机构基本上均在伦敦设有分支机构。

四是世界领先的教育和创新能力。伦敦的卓越学术建立在欧洲最集中的高等教育机构基础上。这里拥有超过42家高等教育机构，聚集着超过4500名世界级研究者和著名的医疗和临床试验中心。伦敦在科学技术和设计方面的能力

[①] 张骁虎：《全球城市发展与中国的战略选择》，《国际观察》2020年第4期，第137页。

赋予其竞争优势。

五是国际文化中心和舒适的人居环境。伦敦拥有多元的城市形象和丰富的文化产业，长期蝉联世界文化之城首位。全城共有857家艺术展览馆和4处联合国教科文组织评定的世界文化遗产。伦敦的300余个场馆每年举行超过2.2万场音乐表演，其中包括世界上最受欢迎的音乐场馆O2体育场。每年举办超过197个节日庆祝活动，其中有最大的免费节日"伦敦市长泰晤士河畔节"和吸引近百万参与者的欧洲最大街头节日"诺丁山狂欢节"。这里大约有1.2万家餐厅、900多块电影院屏幕，交通便捷，人口适中，是一座宜居城市。

六是卓越的城市治理能力。伦敦开创性提出一系列解决城市膨胀、气候变化等大城市问题的方案，如分散式能源供应、收取拥堵费等，在城市治理方面走在前沿。

但是，伦敦在全球城市竞争中依然面临着严峻的挑战和压力，主要包括以下几个方面。

一是国际金融市场竞争压力。近年来，国际金融市场加强了监管的举措，这可能会影响伦敦对金融业的吸引力。同时，其他世界城市也正在努力与伦敦开展竞争，上海、新加坡、日内瓦、都柏林都在积极发展自己的金融业。特别是作为欧洲央行所在地，德国法兰克福的崛起使伦敦产生强烈危机感。2002年，欧盟在其境内首次使用欧元作为流通货币，作为换汇中心的伦敦面临来自欧洲大陆的巨大挑战，交易量下降、外汇流出、银行业遭受打击以及就业减少等问题均对伦敦作为世界金融中心的地位有负面影响。[1]金融危机爆发以来，世界经济持续低迷，各主要货币下行压力增大，伦敦国际地位的稳定性和重要性受到挑战。伦敦的金融业发展，乃至英国经济的崛起，都离不开强力货币的支持。英国作为欧盟成员的这一段时间内，并没有加入欧元区，坚持以英镑作为本位货币。

二是对年轻人吸引力下降。伦敦被各类报纸和研究称为"巨大的吸盘"和"黑洞"，吸纳来自国内外的应届毕业生和专业人才。然而，普华永道英国主席兼高级合伙人凯文·埃利斯（Kevin Ellis）2018年称，伦敦对毕业生的吸引力

---

[1] 寿祺：《欧元对国际金融市场的影响》，硕士学位论文，上海外国语大学，2005，第88—97页。

大不如前。他在诺丁汉遇到的学生中，只有三分之一想去伦敦工作，而五年前这个数字甚至可以达到100%。许多年轻的毕业生选择毕业后迁居或留在曼彻斯特、伯明翰、爱丁堡和贝尔法斯特工作。

三是大城市病风险突出。伦敦人口不断涌入而发展空间受限，导致了越来越多的城市问题，如交通拥堵、空气污染和房价上涨等。如果不能切实减重减负，伦敦发展突破环境资源承载力只是时间问题，最终将形成更严重的城市病。

四是"脱欧"带来的风险和挑战。尽管分析人士大多认为"脱欧"对伦敦的国际金融地位影响有限，但仍会削弱伦敦的全球影响力。单就英国"脱欧"给伦敦带来的挑战而言，其包括但不限于：作为经济中心城市在国际贸易、地区自由贸易和全球资本市场中的重要性削弱，作为政治核心城市在国际议程设置方面的影响力、地区影响力和全球号召力下降，作为文化中心在对外宣传本国文化、搭建友好城市沟通桥梁和推进国际友好城市建设方面的挑战增加。伦敦市长萨迪克·汗（Sadiq Khan）指出，错误的"脱欧"协议或者"硬着陆"将使英国失去近50万个就业岗位、468亿英镑投资和545亿英镑经济效益，还可能导致英国陷入长期经济增速低于3%的困境。他还认为，"脱欧"带给伦敦的负面影响与整个英国受到的冲击如出一辙，并逐步累积出现"滚雪球"效应。剑桥计量经济学会分析指出，伦敦的前景相比全英国来说更加明朗一些，经济增长速度要明显高于全国平均水平。伦敦当局相当重视能使经济快速复苏的高价值产业链。

第三章　纽约城市国际交往与全球影响力建构

历史上相当长一段时间里，纽约的国际影响力并不突出。纽约不是美国首都，其发展重点主要在经济领域。第二次世界大战后，联合国总部落户纽约，纽约借此吸引大批国际组织落户，全球政治影响力直线上升，一跃成为国际化大都市。

第一节　纽约的发展历程

意大利人乔瓦尼·达·维拉扎诺于 1524 年发现了纽约港。1624 年，荷兰人在新大陆建立了第一个永久的贸易站，接着在曼哈顿岛南端建了一个小镇。它叫新阿姆斯特丹，依靠皮毛生意发迹。与此同时，第一批黑人奴隶于 1628 年抵达。奴隶在建立殖民地的过程中发挥了重要作用。荷兰人于 1674 年在一次对新大陆的殖民地的争夺中输给了英国人，导致新阿姆斯特丹被英国夺走，这次它被重新命名为纽约，以纪念国王查理二世的兄弟约克公爵。

纽约受益于迅速发展的大英帝国，它的人口增长十分迅速，并且积极参与当时的国际贸易。18 世纪，纽约的主要工业是面粉生产，谷物被风车磨成面粉。同时，纽约商人也与英国和西印度群岛进行贸易。1776 年，乔治·华盛顿从纽约撤退，英国军队占领了它，直到战争结束。乔治·华盛顿率军于 1783 年 11 月 25 日重新进入纽约。

独立战争结束后的初期，纽约市的发展是杂乱无章的。在 1807 年，纽约州州长任命了一个委员会来起草该市的规划。该委员会于 1811 年建议新的街道按照网格模式布局，设立 12 条南北走向的大道和 155 条东西走向的街道。随着纽约市的发展，网格模式向北扩展到整个曼哈顿。到 1820 年，纽约已经成为美国最大的城市。

区域经济发展到一定程度势必产生规模不等的城市，其中必然有居首要地位的城市，也就是首位性城市；由于经济规律的作用，这些城市将成比例发展，均匀分布。纽约的兴起符合这一论断。也可以说，占尽天时、地利、人和的纽约，必然成为北美经济发展的中心、全国的首位性城市。19世纪中叶以纽约为主干的东北部经济核心区的形成和交通的改善为中西部的崛起和其他地区的开发准备了条件，对于现代美国区域经济结构的形成起到了某种催化作用，这也是19世纪后期美国经济得以高速发展的原因之一。

1929—1933年，美国经历了历史上空前严重的经济危机。1933年3月，富兰克林·罗斯福上台执政，实行新政。通过强化国家全面干预金融财政、工业、农业、公共工程、社会保障等领域，缓解了经济危机的严重恶果，保护了劳动生产力，避免了美国走上法西斯主义的道路，并为美国在第二次世界大战中的胜利准备了物质条件。罗斯福新政是有利于现代化发展的进步举措，它的国家干预政策使垄断主义发展到国家垄断资本的新阶段，标志着现代资本主义的成熟，对于现代纽约的发展及美国历史的发展具有多方面的深远影响。

第二次世界大战后，在第三次科技革命席卷全球的情况下，以纽约为代表的国际化大都市的产业结构也发生了深刻的变化，传统的制造业逐渐衰退，纽约经历了从前工业化时代连接欧美的普通港口城市，到工业革命后成为全美最大的贸易口岸、商业银行中心和最大的工业基地，并发展为全国的首位城市。在整个工业化进程中，纽约一直以轻工业为主，基本上没有发展起重工业，纽约制造业兴起于工业革命初期，它虽是多种产品的制造中心，但以劳动密集型和资本密集型的轻工业为主。直至20世纪初，纽约的工业结构也没有多大变化，只是在轻工业内部出现由低端部门向高端部门的转移。

进入20世纪后，纽约成为文化艺术中心、保健中心、室内设计中心、时装中心、旅游中心、信息中心。随着城市经济发展和功能属性的转变，纽约在发展的道路上出现了新的特点，制造业从城市中心转移出去，更重要的是整个城市的聚集和辐射能力得到提升。纽约产业结构的诸多变化并非偶然因素所致，而是发展的必由之路。

第二节　纽约城市国际交往的多维表现

一、经济发展为纽约国际交往奠定基础

纽约市经济产业结构的完善为其开展国际交往奠定了物质基础。其城市发

展规划始终将完善产业结构、推动经济包容与可持续增长作为一大着力点，以此增强纽约全球城市的角色底蕴。纽约市经济产业结构的发展和完善主要体现在两个方面：一是高端服务业带动的服务产业优化，二是高端制造业引领的制造产业转型。

首先，纽约服务产业在高端服务业的带动下实现了普及和优化。20 世纪 70 年代以来，纽约市的服务产业进入快速发展期，21 世纪初其服务产业所占比例便已达到 90%。其中，金融商务服务、医疗服务、国际物流以及总部经济等高端服务业的推动作用尤为明显。在金融商务服务方面，2008 年时，占纽约市就业人数比例约 12% 的金融行业便贡献了该市多达 35% 的收入，[1]并使纽约逐步形成以其为主导产业的集群发展模式。超过 33 万的纽约人从事着与金融服务相关的职业。[2]随着迅速发展的金融业而不断涌入，纽约的外国直接投资则大幅增加了纽约市的国际经济交往频度，加强了纽约市经济活动的外向性。此外，在医疗服务方面，2010 年，医疗服务业已经成为吸纳纽约就业数量最多的产业部门。其不仅拥有超过 60 万的专业雇员，还拥有代表着美国最先进医疗水平的专家团队，每年均有大批国际人士赴纽约进行咨询诊疗。纽约高端服务业的集群发展还吸引了众多跨国公司总部的入驻。金融、法律、传媒、时尚设计等行业的著名跨国公司总部纷纷选址纽约，增强了纽约市的国际经济影响力。而囊括肯尼迪、纽瓦克和拉瓜地尔等大型国际航空枢纽的纽约的现代物流业更是便利了相关经济要素在纽约的流转。

其次，纽约制造产业在高端制造业的引领下实现了复兴和转型。从纽约发展历史来看，制造业本是其立市的根基，但在纽约向全球城市过渡的过程中，成本高昂的制造业逐渐萎缩，相关产业就业人数大幅流失，使得制造业在纽约市的产业结构占比中变得微乎其微。然而，2008 年金融危机的爆发等因素让纽约重新意识到其过度强调产业结构"脱实就虚"而造成的巨大灾难。2011 年，纽约市市长布隆伯格专程召开了"未来纽约"发布会，在反省纽约过度依赖金融服务产业的同时宣布了城市经济发展的多元化战略，提倡推动包括高端制

---

[1] 李清娟、兰澜：《全球城市：服务经济与国际化——伦敦、纽约与上海比较研究》，第 73 页。

[2] "Finance Industry," https://www1.nyc.gov/site/internationalbusiness/industries/finance-industry.page, NYC International Business, accessed July 12, 2023.

造业在内的经济产业协同发展。这一转变有效促进了纽约市经济产业结构的改善。随后，3D 打印、计算机产品以及通用软件工程工具等高端制造业的发展帮助纽约迅速巩固了其在国际经济交往中的优势地位。

以 3D 打印为例，截至 2016 年，纽约市凭借 3000 余家 3D 打印制造商和 500 余台 3D 打印机的绝对实力成了名副其实的"世界 3D 打印之都"，将洛杉矶、伦敦、巴黎等众多城市甩在身后（见表 3.1）。不仅如此，这一高端制造业的发展还帮助引领了纽约市相关科创企业的成长，开始为世界各地更加广泛的行业和领域开发应用程序。仅 3D 打印这一项高端制造业在 2022 年便为纽约市创造了 301.9 亿美元的产值，并增加数千个就业岗位。[①] 相关数据充分显示出发展高端制造业对纽约市整体制造产业的带动作用，提升了制造业的科技含量及其在纽约城市经济产业结构中的比重，为降低纽约参与国际经济交往的风险性和增加其协调性打下了坚实基础。

表 3.1　世界顶级 3D 打印制造业中心

城市	3D 打印制造商数量（家）	3D 打印机数量（台）	总排名
纽约	3739	516	1
洛杉矶	2527	410	2
伦敦	3326	358	3
巴黎	2069	313	4
米兰	1990	309	5

资料来源："Center for an Urban Future, Making It Here: The Future of Manufacturing in New York City."

在经济维度上，纽约的全球影响力发挥最重要的是基于其世界金融中心的地位。早在 18 世纪，美国首任财政部长亚历山大·汉密尔顿所建立的金融政策体系为纽约发展成为世界金融中心奠定了良好基础。其在美国经济濒于崩溃的危急时刻提出了重构金融财政体系的五大支柱：统一国债市场、中央银行主导

[①] "Center for an Urban Future, Making It Here: The Future of Manufacturing in New York City," July, 2016, https://nycfuture.org/research/making-it-here-the-future-of-manufacturing-in-new-york-city, accessed July 12, 2023.

的银行体系、统一的铸币体系、以关税和消费税为主的税收体系以及鼓励制造业发展的金融贸易政策。这五项政策帮助美国有效修复了自身的信用体系，使其国债和金融市场赢得了欧洲投资者所给予的最高信用评级。[①] 此后，欧洲的资本开始大量流入美国市场，纽约则凭借着自身独特的区位优势成了主要的外国投资流入地。

到了20世纪80年代，里根政府推行的减税、放松市场监管等一系列措施让美国尤其是纽约的金融产业再度获得发展良机。而离岸金融市场的建立、纽约黄金及商品期货市场的国际化等措施均大幅提升了纽约的世界金融中心地位。此外，来自世界各地的著名企业开始争先在纽约股票交易所上市，使纽约资本市场的国际地位迅速抬升，道琼斯指数、纳斯达克指数以及标准普尔指数也逐渐成了全球宏观经济发展状况的晴雨表。

纽约的世界金融中心地位还体现在全球化进程中大型金融机构的入驻和外国直接投资流入量的增加。例如，摩根公司、花旗银行、美林公司、摩根士丹利、野村、普天寿等世界知名投资银行和保险公司都将其总部或海外总部设于纽约。

在外国直接投资方面，纽约更是获益颇丰。例如，早在2009年，阿拉伯联合酋长国阿布扎比投资局便已向花旗集团投资75亿美元。这种庞大的"吸金"能力让纽约市荣登2013年"FDI杂志美国未来城市"榜首。[②] 而纽约五大金融公司管理的资产增长也主要来源于其全球市场的扩张，如黑石集团资产管理总额中的61%均位于美国境外。[③] 纽约经济这种高度的对外联系性和辐射性帮助其迅速占据世界金融产业链的顶端位置，增强了其在国际经济交往中的影响力。

除金融外，大量涉及法律、房地产、广告设计等领域的、具有跨国业务背景的高端生产性服务业在纽约市的集聚，同样强化了纽约市与其他全球城市之间的联系，巩固了纽约市在全球城市联系网络中的核心地位。例如在法律服务

---

① 李清娟、兰澜：《全球城市：服务经济与国际化——伦敦、纽约与上海比较研究》，第76页。
② 张晨阳：《全球城市的比较分析》，硕士学位论文，华东师范大学，2017，第27页。
③ 王兰、刘刚、邱松、布伦特·D. 瑞安：《纽约的全球城市发展战略与规划》，《国际城市规划》2015年第4期，第19页。

方面，纽约市的大型法律事务所占据了美国法律出口服务的绝大部分份额。[1]此外，国际资本也长期将纽约的房地产业视作投资首选。2016年，纽约房地产业的总价值被评估为1万亿美元，其中增长的89%都来自外部投资。[2]

进入21世纪以来，科技创新与绿色经济的发展为纽约带来新的繁荣。纽约市是美国发展最快的科技中心。[3]其将科技创新驱动视作巩固自身国际经济交往中心地位的重要抓手，多次发布促进科技创新的政策。例如：2009年，纽约发布《多元化城市：纽约经济多样化项目》，随后启动了"东部硅谷"发展计划；在2015年发布的城市规划报告《一个新的纽约市：2014—2025》中，纽约再次明确了"全球创新之都"的城市发展定位。[4]随着纽约对科技创新的日益重视和投入，其创新实力不断攀升。2014年，澳大利亚著名的全球创新能力评估机构2ThinKnow将纽约的创新能力排至世界第二位，仅次于"硅谷"。[5]

就纽约科技创新建设的成效来看，其最突出的一点体现在"硅巷"的复兴上。"硅巷"位于曼哈顿下城区，是一个由互联网与移动信息技术的企业聚集而成的无边界科技园区。在纽约市政府的支持下，现已经成长为超过500家全新科技和移动信息技术企业的初创聚集地。2007—2011年，在硅谷等美国其他六大高新产业集聚地的风险投资呈不断下降的情况下，"硅巷"风险投资总额却逆势增长了32%，[6]成为美国增长最快的互联网中心地带，被誉为"世界创新之都"。除"硅巷"外，纽约市政府还特别注重培育适合大众创新创业的土壤，陆续推出了多项"众创"激励计划和举措，如"应用科学"计划、"众创空间"计划、"融资激励"计划、"设施更新"计划等。到2015年，纽约市新产生了1000多家主要涉及互联网应用技术、社交媒体、智能手机及移动应用软件等新兴科技

---

[1] 王兰、刘刚、邱松、布伦特·D.瑞安：《纽约的全球城市发展战略与规划》，第19页。

[2] 张晨阳：《全球城市的比较分析》，第27页。

[3] "NYC International Business," *Technology and Media Industry*, https://www1.nyc.gov/site/internationalbusiness/industries/technology-and-media-industry.page, accessed July 12, 2023.

[4] 盛垒等：《从资本驱动到创新驱动：纽约全球科创中心的崛起及对上海的启示》，《城市发展研究》2015年第10期，第93页。

[5] 张晨阳：《全球城市的比较分析》，第28页。

[6] 邓智团：《纽约硅巷：中心城区科技集群复兴》，载屠启宇、苏宁等编《国际城市发展报告（2014）》，社会科学文献出版社，2014，第60—66页。

领域的初创企业。[①] 这些成就帮助纽约成了世界上最重要的创新型城市之一，壮大了纽约开展国际经济交往的实力。

在环境资源约束不断凸显的背景下，如何实现绿色发展同样是世界城市关注的重要方向。纽约市经济发展署在其2013年发布的《绿色纽约市2025》规划中提出了"绿色2.0"的发展理念，旨在推动科技创新的同时将其与绿色环保理念相融合。在此框架下，纽约出台了"纽约清洁与可循环经济推进计划""环保思维项目""智能建筑项目"等一系列具体措施，促进了"绿色2.0"理念的落实。[②] 当前，纽约市已成为全球绿色产业领域内的重要供应方，在开展"绿色城市国际经济交往"方面积累了深厚经验。

二、联合国总部的地位增强纽约在政治领域的国际交往

在历史上相当长一段时间里，纽约的国际影响力并不突出。纽约不是美国首都，其发展重点主要在经济领域。第二次世界大战后，联合国总部落户纽约，纽约借此吸引大规模国际组织落户，全球政治影响力直线上升，一跃成为顶级全球城市。在驻纽约国际组织的数量变化上，根据《国际组织年鉴》的数据，自1851年开始，驻纽约的国际组织数量就持续增加。在纽约发展的早期，国际组织落户情况尚未稳定，1884—1892年曾出现多年未有国际组织落户纽约的情况。而从1934年起，落户情况趋于稳定，纽约每年都会吸引新的国际组织落户。目前，共有816个国际组织在纽约落户。

与联合国的传统联系是纽约市的特点之一，也是纽约在吸引国际组织上的优势。纽约市政府敏锐地捕捉到了联合国带给纽约的好处，大力宣传纽约是"联合国总部之城"。具体而言，纽约将城市规划与联合国可持续发展目标接轨，以此强化自己的"国际主义"标签。2015年9月，联合国大会通过"2030年可持续发展议程"，提出17项可持续发展目标。2015—2016年，纽约出台《一个纽约：强大而公正的城市的规划》与联合国的可持续发展议程接轨，将17项联合国可持续发展目标吸纳至纽约发展的四个愿景中。在规划中，纽约详细制定了每个愿景下的具体目标，并标注该目标与哪项可持续发展目标有关。2018年7

[①] 盛垒等：《从资本驱动到创新驱动：纽约全球科创中心的崛起及对上海的启示》，第93—94页。

[②] 苏宁：《纽约以数字化推动绿色城市2.0》，载屠启宇主编《国际城市发展报告（2015）》，社会科学文献出版社，2015，第232—240页。

月,纽约市向联合国提交了《实施 2030 年可持续发展议程自愿地方评估报告》,成为全球第一个在联合国报告本地可持续发展目标进展的城市,通过将联合国可持续发展目标与"一个纽约"规划结合起来,将地方视角融入全球治理的政策讨论中。纽约通过联合国平台推广城市发展的经验,同时与其他城市进行交流,提高纽约市的全球影响力。

2019 年 9 月,纽约市发表了《自愿地方评估宣言》,呼吁全球地方和地区政府通过报告汇报其在实现可持续发展目标方面取得的进展。此举显示了纽约作为一个全球城市的全球性影响力。2020 年 9 月,在新冠疫情蔓延期间,纽约市长办公室国际事务小组负责人还主持了与布鲁金斯学会和联合国基金会就美国在推进可持续发展目标上的领导力的座谈会。2020 年 11 月,纽约市长办公室国际事务小组负责人参加了联合国经社部的自愿地方评估研讨会,介绍纽约市与其他合作伙伴的经验,同时向全球分享纽约市的经验和对可持续发展的承诺。

三、文化创意产业和文旅资源促进纽约国际交往

纽约素有"世界文化之都"的美誉,这在很大程度上源自纽约市政府及社会组织对其文化、艺术以及设计创作等领域的大力投资和积极扶持。这种对城市文创产业的开发促进了纽约文化市场和消费群体的发展壮大,在提升城市生活质量的同时也推动了国际文化产业交往的拓展,提升了纽约在国际文化交往领域的影响力。

纽约的文化创意产业佼佼者首推百老汇。作为世界歌舞艺术和戏剧表演的艺术中心,百老汇本身拥有着对世界各地艺术家与爱好者的强大吸引力。而纽约市政府牢牢地把握住了这一国际交往机遇,对百老汇剧院的产业集聚和国际市场化发展做出了全面引导。当前,百老汇的文化产业国际化主要体现在两个方面。一是确立了百老汇音乐剧世界巡演的固定机制,通过此方式加强世界各地对百老汇艺术以及纽约城市形象的了解,拓展纽约的国际城市吸引力和文化软实力。二是在纽约本地的百老汇演出中,国际观众的比例达到了 60%,百老汇演出成了国际游客心目中赴纽约观光游览的必选项目。百老汇这一文化产业有效提升了纽约在世界文艺表演界的地位,塑造了纽约"世界艺术殿堂"的城市形象。另外,在时尚产业方面,纽约当前已是将近 900 家设计和销售公司的总部。同时,纽约还是 75 个世界主要时装贸易展览会和数千个陈列室的所在

地。相关时尚产业为纽约创造了近18万个工作岗位，占到了纽约市就业人数的6%。[①]不仅如此，宽松的时尚设计环境、丰富的设计实践活动以及帮助设计师解决后顾之忧的大量设计师协会等均提升了纽约市对国际艺术设计人才的吸引力，相关人才的集聚则又加速了时尚设计产业的壮大。

2019年，纽约"城市未来中心"的调研报告显示，广告、电影、建筑和设计等文化创意产业为劳动力就业和经济发展作出了突出贡献。报告指出在过去的15年中，纽约市增加了2.7万个广告工作岗位、1.9万个影视工作岗位、1.4万个表演艺术工作岗位和6000个建筑工作岗位。在这其中，有数万个能够达到纽约市中等收入水平的职位。并且，在纽约市五个行政区所有的高薪工作当中，文化创意产业所占份额正越来越大。[②]

在文化旅游资源方面，由于纽约建市不过200余年，自身历史文化方面的资源相对北京、伦敦等著名世界古都而言较为匮乏。但纽约丰富的现当代文化资源依旧使其享有"世界文化之都"的声誉。纽约的现当代文化资源集中体现在其众多的博物馆当中。例如，纽约拥有与法国卢浮宫、英国不列颠博物馆并称为世界三大艺术殿堂的大都会艺术博物馆，囊括了来自全球各地的众多艺术瑰宝和文物藏品。此外，纽约还拥有美国自然历史博物馆、惠特尼国家艺术博物馆、美国民俗博物馆、布鲁克林博物馆以及收藏了莫奈的《睡莲》、毕加索的《亚维农的少女》等世界名画的纽约现代美术馆等著名的艺术博物馆。除博物馆外，纽约还鼓励艺术家在公共空间发挥想象力展开创作，在此背景下，纽约还出现了以SOHO商业区为典型代表的时尚创意空间，在很大程度上丰富了纽约的文旅资源。不仅如此，这些文旅资源还极大地增强了世界各地艺术文化爱好者对纽约的热爱之情，提升了纽约在国际交往中的影响力。

在旅游业方面，纽约根据不同游客的消费能力创造了丰富多样的游览形式，提供了巴士游、自行车游等多种选择。此外，纽约还结合不同年龄段的人群特点设计了不同的景点特色。例如，在百老汇加入了适合儿童观看的动画

[①] "NYC International Business," https://www1.nyc.gov/site/internationalbusiness/industries/fashion-industry. page, accessed July 12, 2023.

[②] Laird Gallagher, "The Creative Economy Is a Key Source of Middle-Class Jobs," October 2019, https://nycfuture.org/research/the-creative-economy-is-a-key-source-of-middle-class-jobs, accessed July 12, 2023.

片，在公园和游乐场所设计了符合儿童标准的娱乐设施。[①] 这种兼顾各年龄段游客特点的旅游服务提高了游客对于游览纽约的满意度，甚至使其对这座城市产生了额外的归属感，进而为游客再度游览纽约打下了情感基础。根据2012年的统计数据，纽约接待的国际游客数量突破了1000万人次，[②] 凸显了国际游客对纽约的青睐。除此之外，旅游业的发展还对纽约的文化艺术产业、酒店住宿及餐饮行业产生了正向的促进作用，实现了纽约经济效益与国际文化交往口碑的双提升。

四、开放、宽松的移民政策和国际化城市社区彰显国际化

纽约实行开放和宽松的移民政策，为尚未持有法律证件的纽约移民开设专项服务通道帮助他们获得合法地位。[③] 为应对联邦要求执行的强制驱逐，纽约将为移民提供驱逐援助。通过城市管理的法律服务，如纽约行动、移民机会倡议和其他项目，纽约促进提供高质量的咨询服务，并帮助值得信赖的供应商建立帮助移民社区的能力。近年来，纽约大幅增加了对这些服务的资助，并特别注意解决由于联邦政策的变化产生的问题，并试图终止"暂缓遣返儿童"和临时保护状态政策。

纽约还为移民工人提供保护，防止剥削和不公平的劳动行为。在纽约，低薪移民工人获得低于最低标准的薪水的可能性是其他低薪工人的两倍。这座城市正在探索增加对移民工人的法律服务，通过立法、制定政策等措施，解决移民密集领域的不公平现象。

纽约正在探索提高有资格入籍但尚未入籍的人的入籍率的方法。重要的是，这些移民中有相当多的人有资格全部或部分豁免联邦申请费。此外，纽约正在探索通过多种渠道赋予新入籍的纽约人增加影响力和成为社区领袖的权利。

纽约十分注意妥善处理联合国与其城市社区的关系，一方面为联合国提供完善的服务，另一方面则积极探索方案利用联合国的影响助力城市社区的国际化发展。纽约市长办公室国际事务小组在2016年发布了《联合国影响报告》，对联

[①] 李清娟、兰澜：《全球城市：服务经济与国际化——伦敦、纽约与上海比较研究》，第81页。

[②] 王兰、刘刚、邱松、布伦特·D.瑞安：《纽约的全球城市发展战略与规划》，第20页。

[③] "OneNYC 2050: Building a Strong and Fair City," https://onenyc.cityofnewyork.us/wp-content/uploads/2020/01/OneNYC-2050-Full-Report-1.3.pdf, accessed July 12, 2023.

合国与城市社区的互动进行了综合分析。[①] 报告指出，联合国大家庭为纽约经济贡献了约36.9亿美元的总产出（总产出是衡量经济销售额的指标，包括生产过程中使用的商品和服务的价值、劳动力成本、税收和企业投资回报）。纽约约有25040个全职和兼职工作源自联合国社区。联合国及其机构和附属机构在纽约直接雇用了大约10900人，如果将其视为一个单一的实体，将使其成为纽约第22大雇主。驻联合国代表团直接雇用了约4990人，2014年的花费约为2.76亿美元。联合国社区直接雇用的15890名工作人员中有76%以上（约12110人）生活在五个区内，2014年的家庭收入估计为12.5亿美元。这些工资被认为是在当地支出的，有助于为所有纽约人创造和维持额外的就业机会。据估计，这一开支将支持额外5390个当地工作岗位，这些岗位上的工人的累计工资将超过2.08亿美元。联合国大家庭承担与财产租赁、公用事业、系统和设备维护、用品和设备采购、保险、电信和其他日常运作所需项目的费用。2014年，在当地发生了6.54亿美元的费用，并支付给了私营供应商，估计在纽约增加了2550个就业岗位。联合国大家庭向纽约捐助了大约5600万美元的净财政福利。估计联合国社区的活动产生了1.1亿美元的税收，而纽约的直接费用估计为5400万美元。联合国总部给纽约带来了不可估量的文化和教育资源，这成为美国学校的教育资源，为学生提供了学习国际事务和外交外事知识的良好机会。

第三节　纽约的全球影响力建构

纽约在各类全球城市评估体系中的表现都十分优异，领先全球城市的发展。本研究选取全球化与世界城市研究网络、科尔尼管理咨询公司的全球城市指数报告和日本森纪念财团旗下的都市战略研究所发布的全球城市实力指数报告对纽约的全球影响力进行分析。

在2000—2020年的全球化与世界城市研究网络排名中，纽约均被评为了Alpha++城市，说明纽约近20年来保持了高度的跨国公司全球网络化，并且明

[①] "United Nations: Impact Report 2016," https://www1.nyc.gov/assets/international/downloads/pdf/UN_Impact_Report.pdf, accessed July 12, 2023.

显高于全球其他城市。换句话说，先进性生产服务业机构（包括银行、保险、法律、咨询管理、广告和会计等行业）在纽约分布得十分广泛，该城市在全球活动中具有很强的主导作用和带动能力。

在全球城市指数报告中，纽约的全球城市指数排名稳定，名列前茅，保持着主导地位。同时，纽约的发展前景排名在2015—2018年表现优异，但在2019年出现剧烈下滑，从第2名降至第24名。纽约在四个主要的前景展望领域的得分都有所下降，导致它跌出了发展前景排名的前10名。这主要是由于外国公司对纽约企业的直接投资减少。此外，在医疗质量和获得医疗服务方面，纽约没有跟上全球其他城市的发展步伐。其他全球城市在基础设施投资、专利活动、私人投资和经商便利度方面也超过了纽约。所有这些指标都表明，尽管纽约如今是创新和创业活动的中心，但它可能会面临来自其他地方的真正挑战。

在2019年发布的全球城市实力指数报告中，纽约2010年、2011年高于伦敦，2012年因为飓风桑迪和伦敦奥运会，出现翻转，随后排名和分数一直低于伦敦。就纽约本身的得分来说，2012—2017年其历年得分基本持平，2018年得分增加，2019年稍稍降低但仍然比2017年高出很多，总体呈现出缓慢增加的趋势。

根据2019年发布的全球城市实力指数报告，纽约的强势维度是经济、研究与开发、文化交流以及交通，弱势维度是宜居性和环境。在经济维度中，纽约在三个一级指标上的表现引人注目，分别是市场规模、经济活力以及商业环境；在研究与开发维度，纽约在所有一级指标上均表现优异，包括学术资源、研究环境；在文化交流维度，纽约在各个一级指标中均有不错表现，包括趋势引领潜力、旅游资源、文化设施、游览舒适度、国际互动；在交通维度，纽约在交通基础设施方面表现优异。

总的来看，全球化与世界城市研究网络、科尔尼管理咨询公司的全球城市指数报告与森纪念财团旗下的都市战略研究所发布的全球城市实力指数报告各有侧重：全球城市指数报告着眼于"先进性生产服务业机构"在城市的分布，侧重经济领域；全球城市指数报告综合了各个领域状况；全球城市实力指数报告则对政治领域不甚关注。因此，要对纽约全球影响力的三个维度进行描述需要综合各个指标体系中纽约的具体情况。在结构性影响力维度，纽约有突出的方面，但整体表现在向相对消极的方向发展。纽约有众多拥有全球影响力的机构，这对于其提高政治参与度有积极的影响，但伦敦后来居上，甚至在2019年超过了纽约在该领域的表现。在关系性影响力维度，纽约表现优异且较为稳定，具体体现在拥有成熟的资本市场、众多外来人口为城市提供大量人力资源、名义GDP高等方面。在塑造性影响力维度，纽约表现优异，拥有特色文化资源（美食、视觉与表演艺术），成熟的新闻机构有利于城市营销。该城有频繁的国际互动，有较大潜力引领潮流。

第四节 案例分析

一、结构性影响力建构：以纽约"地方自愿审查"倡议为例

纽约市长办公室设有专门的国际事务小组负责城市国际交往业务，该小组的工作重心是在全球范围分享纽约的治理经验，回应外国政府、联合国以及美国国务院对纽约的要求。纽约参与国际事务的战略特色是，充分利用联合国平台提高城市政治参与度，带动纽约影响力的全球扩散。

以联合国平台为中心，纽约搭配了三大类项目。一是"联合国的纽约印迹"（the New Yorkness of the UN），力求创造纽约与联合国之间相互学习的机会，使纽约融入联合国社区，以便纽约更好地参与国际事务。二是"地方与全球相接"（Connecting Local to Global），通过举办研讨会增进纽约与当地外交社区之间的交流，传播纽约治理经验。三是"全球愿景，城市行动"（Global Version, Urban Action），旨在将联合国于2015年发布的17个可持续发展目标同纽约自身的发展目标结合起来，通过联合国平台推广纽约城市发展的经验，同时与其他城市进行交流，提高纽约的全球影响力。

2018年，纽约向联合国提交"地方自愿审查"，报告纽约可持续发展目标的实现进度。纽约是全球第一个直接向联合国报告可持续发展目标实现进度的城市。同时，纽约号召其他城市参与，每年向联合国提交一份自愿审查报告。"地方自愿审查"倡议是"全球愿景，城市行动"项目下的最新活动。[1] 这项倡议在

---

[1] Https://www.nyc.gov/site/international/programs/global-vision-urban-action.page, accessed July 12, 2023.

世界范围内产生了重大影响。

纽约在2018年发布的文件《纽约市全球展望2018》中将成为"城市领导者"作为纽约国际交往的核心目标。[①]但值得注意的是，纽约总是通过现存国际机制来实现"领导者"功能，而非独自发起倡议号召各地城市参与创建新的治理机制。伦敦市长在2005年牵头创立新的国际机制应对环境问题这样的例子对于纽约来说可谓少见。不依靠现有的国际机制，纽约就很难成为城市领导者，这是纽约制定国际交往战略的出发点，目前其锚定的国际机制是联合国。

纽约之所以如此看重现存国际机制的作用，很大程度上是因为其政治自主性受到国内法律的限制，独立发起倡议并号召参与的能力弱。根据科尔尼管理咨询公司的全球城市指数报告，纽约虽然在"政治参与"维度上的"具有全球影响力的地方机构"领域得分领先，但2008年以来，在"政治参与"的总体得分上表现并不佳，不仅落后于北美的华盛顿特区，还被欧洲的布鲁塞尔超过。纽约在国内所处的这种不利的政治现实，与美国政治体制中城市的政治地位有紧密的联系。哈佛大学法学院教授杰拉尔德·弗鲁格（Gerald E. Frug）通过比较城市在欧洲和美国的发展进程，以及考察在自由主义意识形态影响下的美国人对城市的认知，结合有关城市管理的法律条文的变化，认为自美国联邦宪法颁布以来城市一直处于无权状态中。弗鲁格指出，在建国之前，各州存在大量自治城镇，这些城镇是各地居民自发联合组成的政治体，城镇政治体实行垂直的管理模式，由贵族精英垄断顶层控制权，但它们并非获得法律承认的法团（corporation），更近似于一种非正式的社团（association）。在美国建国初期，如何定义城镇的法律地位是当时联邦以及各州的政治精英们的一项重要而棘手的任务，因为从某种程度上来讲，这些城镇的等级制度可能威胁个人权利，作为一种政治体可能威胁州政府权力。作为一种非正式的社团，城镇处于一个灰色空间，它既是对城镇居民个人权利的保障，又是贵族精英对平民实施控制的工具。最终，对城镇权力施加法律上的限制成了主流的声音，造成这种结果的一大重要因素是在建国初期，各州的城镇内部涌现了大量的商业法团，它们的数

[①] "NYC 2018: City Leadership on the Rise," https://www1.nyc.gov/assets/international/downloads/pdf/GlobalNYC-2018.pdf, accessed July 12, 2023.

量远远超过城镇，这些商业法团要求在法律上对它们的财产进行保护，使之免于城镇贵族精英的干涉。于是，城市被州政府牢牢地控制住。①

美国法律严格限制了纽约的政治自主性，但在此情况下，纽约依旧积极建构自己的城市影响力，这里有两方面的因素在起作用。一方面，随着时间的推移，纽约市民对于市政府有了更多的期望。弗鲁格指出，最初是为保护私有财产并创造利润的商业法团日益壮大且复杂化，一些大型企业能够通过对员工经济来源的控制从而对其进行管控，同时开始影响公共领域的事务，牵动公司以外公众的生活，公众因此希望政府能够起到更大的建设性作用，应对商业法团发展的潜在消极影响，而最便利的选择是诉诸当地政府，而非州政府或联邦政府。②另一方面，美国的三大权力机构在政治竞争中都不需要地方政府的支持，州政府不仅可以在联邦机构中实现对地方人民的代表，并且可以随时干涉地方政策，地方政府只有积极建构地方影响力才能避免在政治上成为弱势者，特别是当地方政策偏好与州政府甚至联邦政府相冲突时，这种影响力尤为必要。③因此，纽约对内积极提升市民福祉，对外积极建构城市影响力。

除此之外，2018年，纽约发起"地方自愿审查"倡议更是有其特殊的背景原因。特朗普上台执政后声称要限制联邦政府的财政赤字，随后便大幅削减联邦政府对州政府和地方政府的财政支持，白宫管理及预算办公室发布的2019年预算文件指出，州政府以及地方政府要在发展问题上担任更重要的角色。④特朗普对传统能源行业的支持以及实行紧缩的移民政策，对一向支持减排节能产业发展和宽松的移民政策的纽约造成了不小的打击。在这个特殊节点下，纽约必须寻求外界帮助推动城市发展。

纽约在宣布向联合国提交"地方自愿审查"报告并号召各地城市参与之前做了一些前期工作。2015年，当联合国发布十五个可持续发展目标之后，纽约市长国际事务小组迅速建立"全球视野，城市行动"项目。该项目的基础是纽

---

① Gerald E. Frug, "The City as a Legal Concept," *Harvard Law Review* 93, no. 6 (1980): 1099–1109.
② Gerald E. Frug, "The City as a Legal Concept," p. 1105.
③ Richard C. Schragger, "The Political Economy of City Power," *Urban Law Journal* 44, no. 1 (2017): 96–111.
④ The US Government Office of Management and Budget, *An American Budget: Fiscal Year 2019*, https://trumpwhitehouse.archives.gov/wp-content/uploads/2018/02/budget-fy2019.pdf, accessed July 12, 2023.

约城市发展计划"独一纽约"与可持续发展目标之间的紧密契合，他们邀请纽约当地的外交社区对纽约的城市发展进行实地考察，并积极参与联合国关于可持续发展目标的政策讨论与制定过程。

提交报告并非纽约的最终目的，"地方自愿审查"倡议的意义是，在撰写报告的过程中，促进纽约市政府内部机构之间的相互合作，同时挖掘纽约市同联合国机构、会员国、地方政府、公民社会团体、私人企业以及其他利益相关者之间潜在的合作领域。"地方自愿审查"的撰写过程就是一个开展合作和开拓新的合作领域的过程。

纽约目前使用定性与定量的方法来衡量"地方自愿审查"倡议在三个方面的影响：纽约市内部机构协作，城市间合作，与其他利益相关者之间的合作。[①]

就纽约市内部机构协作而言，自"全球视野，城市行动"项目成立以来，国际事务小组已与20多所相关机构合作。这包括为联合国外交社区组织超过25项活动、小组讨论和实地考察。在2018年7月的高级别论坛期间，近20名纽约市代表在活动、双边会议和其他交流中分享了他们的专业知识。纽约市还参加了由联合国经济和社会事务部主办的"国家自愿审查"早会，听取提交该项报告的会员国的想法。在发起"地方自愿审查"倡议后，纽约市政府有更多的机构对可持续发展目标表现出参与建设的兴趣，最值得注意的是，2019年纽约市长办公室更新了城市发展计划"独一纽约"，这其中有负责"地方自愿审查"倡议的国际事务小组的大量参与。

就城市间合作而言，自2019年9月发布《地方自愿审查宣言》以来，超过208个地方和区域政府承诺利用可持续发展目标和自愿审查框架分享经验。在2019年7月的高级别政策论坛期间，一些城市要么提交了审查报告，要么通过签署宣言承诺提交报告，目前有22座城市正式参与该倡议。此外，许多机构和城市网络都致力于提高地方自愿审查倡议的参与度，地方环境行动国际委员会、联合国可持续发展方案联盟和布鲁金斯学会等团体也表示致力于支持地方政府参与可持续发展目标。

---

① "Global Vision Urban Action: New York City Voluntary Local Review of the Sustainable Development Goals," https://sdgs.un.org/partnerships/global-vision-urban-action-new-york-city-voluntary-local-review-sustainable, accessed July 12, 2023.

就与其他利益相关者之间的合作而言，纽约对实现可持续发展目标的努力得到了联合国秘书长、联合国常务副秘书长、联合国开发计划署署长、联合国人居署执行主任和许多其他联合国高级别代表的称赞。纽约的民间社会团体定期邀请国际小组介绍工作，并进行更密切的合作，联合国基金会等倡导组织已将纽约市的倡议确定为一个值得关注的趋势。国际小组还定期向学术界介绍相关主题。

联合国最初要求的是会员国政府为实现可持续发展目标献力量，而非地方政府。纽约参与的最大动力是从这一进程中获取实际经济收益。在纽约，国际事务小组没有使用额外的资金来实施规划或发展"地方自愿审查"倡议。事实上，他们只是组织了一些活动来补充"独一纽约"已经概述的工作。纽约政府工作人员有时需要进行实地考察，所有的参与者都可以通过讨论共同的挑战和解决方案从这些活动中受益。

"地方自愿审查"倡议有助于纽约组织起一个有着共同利益的次国家行为体群体，并使纽约作为倡议发起者从中起到领导作用。纽约积极通过联合国平台与其他利益攸关方接触，使相关者能够聚集在一起，利用可持续发展目标框架分享经验，扩大城市的全球影响力。

二、关系性影响力建构：以"纽约企业服务"为例

作为世界著名的经济中心，纽约的全球经济影响力可谓独占鳌头。根据全球城市实力指数报告，纽约在经济维度评估中连续两年（2018年和2019年）获评全球第一。而在其下属的具体经济指标中，纽约的经济活力、商业环境以及市场规模等也均遥遥领先于其他城市。这种成就的背后是纽约市多年来持续改善城市营商环境以吸引全球经济资源的努力。其参与经济领域的国际交往的战略特色可以概括为"服务"——纽约市政府根据企业所属行业的不同，划设了多个具体的行业领域，并在每个领域出台了一系列"服务"措施，通过减税降税、扩展融资、经济奖励、规划引导等方式优化纽约的商业环境，增强纽约对世界企业的吸引力，从而巩固其世界经济中心的优势地位，发挥纽约的关系性影响力。

纽约市为所有行业出台了一系列通用的服务项目，从业者可以在其本土进行申请，其中具有代表性的两个项目分别是旨在帮助国际企业家获得H-1B签

证[1]以在纽约市拓展业务的"国际创新者计划"和为初创与小型企业提供工作场所和必要配套设施的企业孵化园地项目。国际创新者计划促进了国际企业家和合作伙伴学校之间的互惠关系，帮助企业家获得H-1B签证，同时帮助合作伙伴学校吸引可以为学生发展创业和技术计划的国际创新者。通过竞争过程选出的企业家将与纽约市的七所伙伴学校之一相匹配。企业家及其合作伙伴学校将建立正式合作伙伴关系，使企业家有资格获得H-1B签证。作为这些合作关系的一部分，企业家将贡献自己的时间和专业知识，以某种方式为合作伙伴学校的社区作出贡献，例如通过开展学术研究合作，制订企业家计划，指导学生或管理实习生。企业家将在其合作学校的孵化园地中租用工作空间，并可以使用办公设施等。国际创新者计划专为在海外开展业务并希望将其业务迁移或扩展到美国的国际企业家而设计。在申请时，所有申请人必须拥有一家提供适用于纽约市场的产品或服务的知名企业。通过企业孵化园地项目，纽约市建立了一个专门的区域和联合办公的空间网络，该网络为各个领域的数百家初创企业和小型企业提供低成本的空间、业务服务、培训和相互合作的机会。纽约市建立的孵化园地使1000多家创业公司和1500多名员工从中受益。

在科技和媒体行业方面，纽约市通过出台公私合作项目，助力该领域企业发展并有效利用其发展成果解决城市问题。其中具有代表性的项目是"数字纽约"。这是市长办公室、纽约市经济发展局、古斯特公司（该企业总部设在纽约，它提供服务平台进行早期投资的获取与管理）与十多家纽约市领先的技术和媒体公司之间独特的公私合作的结果。该项目的主要功能是提供和分享信息。此外，纽约还创立了"科技人才管道"项目，帮助进入纽约市的企业找到对口的科技人才。

在智能城市与清洁科技领域，纽约市则出台项目专门帮助在应对城市挑战领域进行商业运作的企业。"城市科技增长中心"项目主要由纽约市经济发展局负责，通过提供企业负担得起的工作空间、最先进的设备和量身定制的项目来支持快速发展的公司，这些公司正在解决纽约面临的最紧迫的城市挑战。城市

---

[1] H-1B签证是美国签发给在该国从事专业技术类工作人士的签证，属于非移民签证，是美国最主要的工作签证类别。

科技增长中心项目激活了超过9000多平方米的空间，是城市科技社区连接和扩展的重要资源，在2018年总共获得126亿美元的风险投资。这里的城市科技包括创新和解决方案，这些创新和解决方案可直接应对政府、企业和公民所面临的城市化带来的挑战。它寻求新的解决方案来生产食物、输送水资源和管理废弃物，使纽约交通问题得到改善，并帮助在城市范围内为公民和服务供应商提供信息和支持。

在生命科技和医疗保健领域，纽约市设立一系列项目为相关企业提供资金、场地和商业等方面的服务。纽约市设立了"早期生命科学资助计划"，该计划在纽约市经济发展局以及两家生物科技公司的大力支持下启动，将至少动用1.5亿美元，计划在2020年之前启动15—20个突破性风险投资项目，旨在进行适用于患者和研究人员的技术与产品开发，包括治疗剂、医疗设备、诊断和研发仪器以及数字生命科学技术。纽约市还设立了"亚历山大生命科学中心"项目，它是世界一流制药和生物技术公司的工作交流场所。

在时装项目方面，纽约市出台了一系列增强该产业经济活力的措施。其中最具有代表性的是一项名为"时装制造倡议"的项目。其目的在于通过投资纽约市的时装产业供应链，推进当地的时装业发展，促进整个纽约市时尚产业的包容性增长。这一项目最初由纽约时装设计委员会和美国时装设计师委员会共同发起，在为纽约相关企业提供基本的融资服务之外，还为提升时装产业员工的工作技能设立了专项扶持规划，并着力打造美国时装制造业与纽约市的时装设计行业相联通的渠道，以增加时装制造业的附加值。除此之外，纽约市还通过"纽约时装制造认证计划"来赋予符合资格的企业独家使用"纽约制造"商标的权利。这一举措意味着其获得了城市的集体认可，有效提升了产品的声誉和知名度。相关措施为纽约市的时装产业营造了良好的商业环境，拓展了经济活力。

在食品、饮料和零售项目方面，为优化营商环境，纽约市推出了"基于健康维护的食品零售扩展计划"。它的目的在于通过降低相关从业人员拥有、租赁、开发和翻新超市零售空间的成本，为纽约社区提供有保障的食品来源。为此，纽约市根据相关人员的财务状况、经营环境、资本规模等制定了具体方案，符合要求的从业人员可以获得建筑、土地、销售等多个方面的税收优惠。这一项目的启动既推动了"小微企业"的发展，也为纽约创造了超过1000个就业岗位，在扩展其食品零售业市场规模的同时提升了城市经济的活力。除此之外，纽约市还出台了餐饮行业的"商业加速发展计划"，将相关从业人员与业内专家联结起来，通过提供商业教育的方式培养相关技能，增强了纽约在这一行业的市场竞争力。但是，不可否认的是，新冠疫情在纽约的传播使得餐饮行业遭受了商业寒冬，其市场吸引力恢复仍有待时日。

在工业和制造业项目方面，为弥补纽约市制造业比重较低的"短板"，为纽约市服务业的高质量发展提供更多物质支撑，纽约市在优化工业制造业领域的营商环境方面做了针对性改进。纽约推出了囊括多项举措的"纽约工业行动计划"。纽约市以工业发展局为牵头单位，通过提供经济奖励的方式吸引来自世界各地的工业企业，推动其赴纽约设厂投资。该机构规定，符合条件的赴纽约工业企业在土地税方面可以获得最多25年的100%税收减免，并且可以免征用于开发、翻新或装备设施的材料的销售税以及企业抵押贷款中的抵押记录税，还允许将改建前的应税价值定为企业前25年内缴纳建筑税的固定标准。纽约还组建了总金额超过1.5亿美元的"工业发展基金"，以为工业收购和建筑项目提供公共和私人融资，并为符合条件的房地产开发商等提供各项贷款优惠。这两项举措在拉动纽约经济、创造新的工业就业岗位的同时，也优化了世界工业制造业企业进驻纽约的商业环境，维护了纽约作为国际经济交往中心的优势地位。不仅如此，纽约市还注重工业制造业经济发展的长期规划，推出了"未来工作"项目。作为纽约"工业行动计划"的关键组成部分，这一项目旨在帮助赴纽约投资的制造业企业改进生产技术，通过设置共享网络、虚拟孵化器等措施提升纽约制造业企业的科技水准，对标21世纪的生产经济。

除上述工业及制造业项目外，纽约市在金融业方面同样注重将高新科技作为优化相关企业商业环境的着力点。例如，纽约市近年来为这一行业投入巨资而打造的"赛博纽约"项目，便将培养具有网络科技素养的相关人才作为发展重点。此外，其还通过一系列措施，把有意将知识产权商业化的学术机构和对知识产权商业化感兴趣的企业家相联结，有效提升了这一领域的创新能力和生产效率。

纽约注重企业服务的这些措施为纽约国际交往和发挥全球影响力作出非常大的贡献。首先，实质性地降低了世界各地企业赴纽约投资和发展的门槛和障碍，也释放了欢迎投资纽约的积极信号，为巩固纽约的经济交往中心地位作出了重要贡献。其次，加强了企业融资激励。城市的关系性影响力塑造需要为相关企业营造宽松的营商氛围，允许其在发展过程中不断试错，直至成功。而这一过程显然离不开资金的保障支持。在前述服务纽约企业生存发展的经验中，纽约市政府携同社会组织为赴纽约企业提供了多样化的融资渠道，涌现出了提供"工业发展基金"等典型措施，为中小企业在纽约的发展提供了优质服务。最后，培育了完善的企业创新生态系统。良好的企业创新生态系统是优化城市经济活力和商业环境的重要条件。纽约在金融业项目等多个领域均秉持了产、学、研相结合的理念，将企业家、投资者、科研机构等有机结合，促进了相关产业在发展进程中的互动和反馈，形成了更广范围的城市商业文化，进而提升了纽约经济的整体实力和全球影响力。

三、塑造性影响力建构：以"创造纽约"规划为例

在纽约城市文化的语境中，当地人喜欢将纽约市称作"大苹果城"，其源自一首爵士乐的歌词："成功树上苹果多，你选择了纽约，也就选择了最大的苹果。"它生动反映出了一种以崇尚进取和包容多元为主题的文化氛围。正如《纽约简史》开篇所提到的，尽管其中的竞争令人感觉残酷无情，但是"一旦你住进了纽约，一旦它成了你的家，那么所有其他地方都会显得不够理想"。[1]

在这种包容的文化氛围影响下，纽约成了重要的世界文化中心。全球城市实力指数报告将纽约文化的"趋势引领能力"列为全球第二，反映了纽约在城市文化交往领域的领先地位。

近年来，随着城市发展阶段的转换及文化中心地位的确立，纽约参与城市文化交往的战略特色也有了相应调整。我们可以将之概括为"由内而外"，即逐步建构向外逐级扩展的文化交往辐射体系。其特点在于依托纽约文化事务局主导的各级平台，优先加强城市自身的文化服务和保障能力，让相关文化成果惠及生活于纽约的每一位公民，再以此形成对外部的强大吸引力，吸引世界其他地区的文艺人士移居纽约（或前往创作交流），进而谋求其世界文化中心地位的巩固。在这种模式的引领下，擅长文艺创作的国际人才不断集聚纽约，使纽约

---

[1] 乔治·J.兰克维奇：《纽约简史》，辛亨复译，上海人民出版社，2005，第1页。

在世界城市文化交往领域的排名也得以稳固。根据科尔尼管理咨询公司的全球城市指数报告，纽约2015—2019年在视觉表演艺术等文化指标中均名列前茅。而在前述森纪念财团旗下的都市战略研究所发布的全球城市实力指数报告中，纽约在文化交流维度的总排名也多年稳居第二位（文化体验度、国际互动等具体指标均位列全球前五名）。因此，其城市文化交往模式值得我们展开探究，而"创造纽约"规划便是一项典型案例。

"创造纽约"规划全称为《创造纽约：一个为了所有纽约人的文化规划》，是纽约市历史上首次专门制定的综合性文化发展规划，目前共分为两版，由纽约文化事务局分别于2017年和2019年主导制定。这一规划以吸引和留住文化人才为核心，为纽约市的文化发展明确了长远框架。其突出强调了公平、普惠以及多样性等价值理念，在确保纽约居民获得更加丰富的文化体验的同时，也为世界各地顶级文化艺术家汇聚纽约提供了政策支持。

首先，为使全体居民接触到更加丰富的文化资源，消除各类人员融入纽约公民生活的结构性障碍，纽约市设计推出了全新的市政身份证。这一计划囊括了所有10周岁以上的纽约居民，为包括无家可归者、老年人、无证件移民、先前被监禁者等在内的各类人员免费提供各种服务。截至2020年，持有全新市政身份证的纽约居民已能够在纽约40个以上的著名博物馆和文化机构获得一整年的免费会员资格。这其中便包括了林肯表演艺术中心、大都会艺术博物馆、大都会歌剧院、纽约现代艺术博物馆等久负盛名的文化艺术机构。这一惠民举措与纽约2019年发布的城市发展总体规划"独一纽约2050"相互补充，推动了在文化领域"确保所有居民都能接触到文化资源与社区开放空间"愿景的进展。全新市政身份证计划有效增强了纽约市对国际文化艺术人才的吸引，为纽约发挥城市交往中的塑造性影响力提供了不竭动力。

其次，"创造纽约"规划还重点提到了对世界各地艺术家在纽约生活与创作的后续支持。其认为，要想成功使当地及世界艺术家常驻纽约，就必须考虑到艺术家的创作实际，他们需要能够负担得起的创作工作室、表演空间以及住房，需要公平的薪酬待遇。这是艺术家们能否帮助纽约保持"文化趋势引领能力"的重要基础。为此，纽约文化事务局连同纽约市经济发展公司、纽约市长办公室以及纽约住房保护和发展部等各级政企机构组成统筹协调小组，为来自世界各地的艺术家解决住房和创作场所障碍。该计划被称为"艺术家工作与住房倡议"。

在"艺术家工作与住房倡议"的规划过程中，纽约文化事务局专门召开了数百次会议，通过与包括教学艺术家、残疾艺术家、残疾人艺术倡导者、非英语语言艺术家、独立艺术家、色彩艺术家及国际移民艺术家等在内的多元对象进行对话，详细了解不同群体在纽约生存、创作所面临的实际困难。随后，纽约文化事务局承诺在十年内提供3000万美元的专项资金，并通过将未充分利用的纽约市政资产转化为相关项目等措施予以保障。2019年，纽约文化事务局还联合纽约住房保护和发展部召开了面向利益相关者的圆桌会议，为其分享了相关的实践指南。不仅如此，纽约文化事务局还特别注重调动纽约社会各界的资源，通过与居民、房地产开发商、文化合作伙伴、住房代理以及慈善团体的协调合作来推动这一目标的实现。在2018年发布的全球城市实力指数报告中，艺术家职业群体对纽约市的喜爱程度高居全球城市榜第二名，体现了世界文化艺术家群体对纽约的认可。更为关键的是，通过这种"由内而外"的内涵式文化交往模式，纽约赢得了国际艺术人才的广泛加盟。而纽约对文化多样性的尊重态度和创作保障也消除了各地文化艺术家对这座城市的陌生感和后顾之忧。这种宽松的文化创作氛围激发了相关艺术工作者的创作动力，使纽约在2019年全球城市实力指数报告的"艺术市场环境"指标中名列前茅，为纽约城市交往的塑造性影响力提供了智力支撑。

最后，"创造纽约"规划还体现出了对发展公共空间艺术文化的大力支持。该规划认为，纽约市内能够跨种族、跨阶级和跨代际参与体验公民生活的机会仍很缺乏，应当充分挖掘和利用城市公共空间的文化符号价值，扩大民众的文化表达。并且，其明确指出，城市公共空间应当既包含本地艺术家，也吸收国际艺术家；既体现传统式的创作，也鼓励前卫式的创造。总之，相关参与者明确希望公共空间中的文化体验能够真正有趣和实现包容，想方设法激活纽约城市公共场所的视觉活力。而"创造纽约"规划便为实现这一目标提出了诸多建议，包括努力减少艺术家和文化组织在公共场所创作临时性或永久性作品的障碍，并鼓励艺术家和观众更公平和多样地参与。2019年版的"创造纽约"行动规划也为其提供了更为具体的行动策略。在"创造纽约"的这一规划指引下，世界各地奔赴纽约的文化艺术家群体获得了更大的创造活力，对纽约市的归属感和依附感也不断上升。而视觉与表演艺术在纽约的城市公共空间当中也得到了迅速发展，相关指标（视觉与表演艺术）排名在全球城市指数报告中稳居前列。

作为纽约市史上第一个专门性的文化发展规划，"创造纽约"有着重要的参考价值，它为纽约国际交往中心地位的维持起到了积极作用，也为其他城市建设文化交往中心提供了有益启示。

纽约是全球重要的国际交往中心，通过建立遍布全球的关系网络，聚集大量的政府间国际组织、跨国公司、非政府组织总部，在推动世界经济发展、开展全球治理活动等方面发挥着全球影响力。总的来看，纽约的国际交往主要依托于以下几点优势。

一是经济发展水平很高。纽约是众多跨国公司、金融机构的总部所在地，并拥有世界级的证券交易所，国际经济交往频繁，活跃程度很高。

二是国际交流设施发达。纽约拥有世界级航空和港口枢纽，同时科学规划了城市发展空间，拥有曼哈顿这样的国际交往核心区，众多国际化因素在此聚集。

三是国际机构数量众多。纽约是联合国总部所在地，同时拥有大量的各国外交使团、国际性和区域性组织机构，承载了众多的国际性往来和跨国人员流动。

四是城市形象魅力突出。纽约被称为"世界大熔炉"和"万国之国"，其突出的文化多样性和城市包容性让它成了全球最有魅力、最受欢迎的城市之一，为其对外交往提供了更多的可能性。

与此同时，即便在各类全球城市排名中都长期高居榜首，纽约依然面临着所有全球城市共同面对的问题——竞争。进入21世纪以来，纽约的全球影响力在很多方面受到挑战，伦敦、巴黎等全球城市在国际高端人才吸引、文化创意产业和城市形象等维度上都在挑战纽约的"老大"地位。

为全面规划纽约未来发展，应对挑战并提高城市竞争力，纽约市于2015年4月发布了《一个纽约：建设强大而公正的城市》规划，其中确定了纽约城市发展的四项总体目标：蓬勃发展的城市、公正平等的城市、可持续发展的城市、富有韧性的城市。2015年版的规划取得了显著的成绩，在此基础上，纽约市政府于2019年4月发布《一个纽约2050：建设强大而公正的城市》，其中提出了纽约到2050年要实现的八大目标，即充满活力的民主、更加包容的经济、欣欣向荣的社区、健康向上的生活、公平卓越的教育、舒适宜居的气候、高效流动的交通、现代化的基础设施。

纽约城市国际交往目标与其发展的规划目标相互共鸣。根据纽约市长办公室国际事务小组公开出版的报告，纽约市要在国际交往中成为世界城市的领导者，发挥毋庸置疑的全球影响力。该小组认为，当今城市发展面临的挑战是全球性的，城市之间应当进行网络式的合作应对这些挑战。联合国于2015年制定了17个可持续发展目标，它们具体地反映了城市发展中面临的挑战，而纽约市则要成为努力实现这些目标的模范城市，引领世界城市发展。纽约希望在一些全球治理议题上起到全球城市的模范带头作用，但实际上气候变化和移民等"全球议题"也具有很强的纽约当地属性。此外，虽然2015年纽约为了响应联合国17个可持续发展目标的号召制定了新的城市发展计划，但事实上纽约之前的城市发展规划本身就符合联合国的可持续发展目标。由此可见，纽约市国际交往和发挥全球影响力的根本出发点是促进城市发展。

具体而言，根据《不断上升的城市领导力——全球化的纽约（2018）》报告，纽约国际交往的目标主要有四点。

一是建立全球化的城市。通过"连接本地与全球""全球视野，城市行动"等项目，既与驻纽约的外交领事团体保持密切联系，又在气候变化等全球性问题的解决方案上提供纽约路径。

二是在全球挑战中树立城市领导力以面对日益突出的全球性问题，在一些国家行为体不断退缩之时，发挥城市力量，提出创新性的解决方案。

三是培养全球公民。青年群体是推动全球进步的潜在力量，调动青年群体的积极性对解决可持续发展问题至关重要。纽约相应推出了纽约青年大使项目，主要教导青年群体应当在全球化时代扮演什么样的角色，应当如何在他们自己居住的社区开展行动解决全球问题。

四是为推动经济发展牵线搭桥。帮助国际化的商业实体和创业公司进驻纽约以及纽约本地公司走向国际也是纽约对外交往的目标之一。

第四章　巴黎城市国际交往与全球影响力建构

巴黎是一座拥有深厚历史底蕴的城市，同时是世界上最古老的城市之一。据考古资料显示，在旧石器时代晚期的4万年前，巴黎地区就已经有先民定居。凯尔特人当中的高卢人分支巴黎西人在公元前250年就已经居住在塞纳河沿岸。同时，巴黎又是一座富有活力的创意之都，尤其是自第二次世界大战以来，随着经济全球化趋势深入发展，巴黎凭借着创意经济加快了由传统的工业城市向后工业城市转型这一进程。[①] 随着经济结构转变和社会转型，巴黎的城市发展理念、空间规划以及居民就业生活都发生了相应的变化，但巴黎始终位于法国甚至世界城市等级体系的顶端，同时是整个法国和欧洲的经济中心，与纽约、伦敦、东京和香港并称为"世界五个国际大都市"。

第一节　巴黎的发展历程

公元前52年，罗马人征服了凯尔特高卢人此前的聚居地并于公元358年开始在这块土地上建造宫殿，这被看作建设巴黎这座城市的起源。4世纪，罗马人将这座名为卢泰西亚的城市改名为巴黎，在此后的几个世纪里，巴黎不断扩张，并成了拥有宫殿、竞技场、浴场和花园的繁华城市。

公元508年，法兰克人占领了巴黎，但此时的法兰克王国更加类似于一种部落聚合体，其政治体系仍然处于一种不稳定的状态。加洛林王朝时期，法兰克王国的首都一直流转于亚琛等城市之间，巴黎则由罗贝尔一世来统治。直到公元9世纪，维京人入侵法国，并于845年进攻巴黎。987年，巴黎首次成为西法兰克王国的首都。

公元11世纪，巴黎开始沿塞纳河发展。路易六世在沿岸地区建立了市场和

[①] 陶希东：《巴黎转型发展的路径与策略研究》，载左学金、王红霞主编《世界城市空间转型与产业转型比较研究（第2版）》，社会科学文献出版社，2017，第93—116页。

道路，奥古斯都建设了首座环绕巴黎的城墙，并修缮了基础设施，并修建了卢浮宫。然而，在1348年，巴黎遭受黑死病的侵袭，当时巴黎居民仅为20万人，而在此次黑死病期间一天死亡人数曾高达800人。1356年，巴黎遭到起义者围困，巴黎由此修建了第二座城墙。尽管1436年查理七世收复了巴黎并于1453年结束了百年战争，但法国真正的权力中心仍然在卢瓦尔河流域。

直到1528年，弗朗索瓦一世在巴黎周边建设了众多的城堡，法国的权力中心才变为巴黎。1564年，凯瑟琳·德·美第奇王太后下令在城市中央修建杜伊勒里宫和花园，并将其与卢浮宫连接起来。不久之后，1572年巴黎发生了天主教教徒对新教教徒的大屠杀，此次屠杀持续时间长、波及范围广。波旁王朝时期的巴黎持续向四周发展，直到路易十四兴建了凡尔赛宫，并将宫廷和行政机构迁往凡尔赛宫，此时的巴黎还是一座设施陈旧、建筑拥挤的中世纪衰败小城，并且16—17世纪的巴黎多次遭遇鼠疫，在一定程度上限制了巴黎的城市发展。

1789年，法国大革命爆发，起义军占领巴士底狱，巴黎的各大标志性建筑名称被更改，直到大革命结束，拿破仑对巴黎进行新的扩建工作，开始兴建凯旋门和卢浮宫的两翼并疏浚塞纳河河道，同时修建了大量古典主义的宫殿、大厦、公寓。然而，1814年的滑铁卢战役中法国大败，巴黎被俄罗斯及其联军势力占领，这是巴黎400多年来首次被他国占领。到了拿破仑三世时期，巴黎自中世纪起沿革而成的城市规划设计已不符合19世纪西方世界对大国首都的需求和标准，因而1859年法国最大的都市规划事业"奥斯曼工程"正式启动，这一工程不仅使巴黎成为现代都市模范，还极大地改变了巴黎的城市格局。在此工程期间，巴黎的外城墙被拆除，并在旧城区建设了众多新古典主义风格的建筑设施，但也破坏了许多珍贵的历史文物。此外，巴黎城市规划者奥斯曼男爵在没有提供后续安置的情况下拆掉了巴黎所有的贫民窟，并将贫民赶到城外，为避免反抗与革命，将许多运河地下化。

1870年普法战争和1871年巴黎公社时期，巴黎大量的主要建筑被烧毁。此后，为了纪念大革命爆发100周年，同时为迎接1889年世界博览会，巴黎市政府于1889年修建埃菲尔铁塔。这次世界博览会使巴黎成为世界上重要的观光与贸易中心，巴黎这座城市也因此经历了又一次的发展。

20世纪的两次世界大战并没有使巴黎遭遇巨大劫难，相反，巴黎文化及艺术在战争期间迅速发展，并吸引许多著名艺术家到此地聚集。1940年德军占领巴黎，1944年希特勒曾下令摧毁巴黎这座城市，但当时的指挥官并没有执行这个命令。

第二次世界大战后，巴黎持续不断扩张。20世纪70年代，巴黎发展重心开始向郊区卫星城转移，政府在西郊的上塞纳省建设了拉德芳斯中心商务区，环城大道和区域快速地铁的建成让巴黎与邻近地区可以紧密联结，使得巴黎的交通运输系统更加完善。与此同时，巴黎与其西部及南部的郊区已经从以传统制造业经济为主成功转型为以服务业与高科技制造业经济为主，居民收入由此跻身欧洲国家前列，但不断扩大的社会分化也激化了许多矛盾。

为了缓解巴黎内部社会的紧张关系并促进经济发展，巴黎政府开始实行大巴黎计划，这一计划也是自蒙帕纳斯大楼之后巴黎首次推进的大规模摩天大楼兴建计划。如今的巴黎是法国的政治、经济、文化、商业中心以及全球国际交往中心，为推动经济全球化、资本市场自由流通以及国家间的交流发挥着不可代替的作用。

纵观巴黎城市简史，可以看到巴黎的发展与衰落是相生相伴的，每一次发展都蕴含着潜在的天灾或战争隐患，而上一次的衰落过程又为下一次更大规模的发展奠定了基础。

一、从农业城市到工业城市的转型

18世纪60年代，英国率先发生了工业革命，英国工业获得了极大的发展。此时的法国，封建专制制度严重束缚着工农业经济的发展和社会的进步。1789年法国大革命爆发，自此以后巴黎就成为法国革命运动的中心城市和各种新思想、新文化自由交流的地方。法国大革命为巴黎发展注入一种追求创新、不断革新的民族性格和城市精神，为后来巴黎乃至整个法国的政治体制改革、城市规划改革、社会改革等播下了种子。工业革命带来的就业机会的增加，吸引了越来越多的人来到巴黎。截至1850年，巴黎有60万居民。1870年前，巴黎人口已超过100万，成为超大型的国际城市。法国在继承18世纪传统的以农为本的经济体系基础上，完成了由农业社会向工业社会的第一次转型，巴黎的纺织业和时尚业也迅速发展，雄厚的经济实力为国际时尚中心的形成和发展奠定了物质基础。1950 年，法国和巴黎真正实现了工业化。

二、从单一中心的工业城市到多中心的创新产业城市

第二次世界大战结束后，法国经济走向重建时期，人口明显增加，大都市化趋势日渐明显，巴黎已经由城乡分割的小型城市模式过渡到由城市和郊区组成的大型"城市—郊区"模式。工业和人口的高度集中导致巴黎地价大幅度上涨，城市环境受到严重污染，与其他地区在经济发展上的不平衡也不断扩大。从 20 世纪 50 年代开始，尤其是在 60 年代之后，法国政府实施了巴黎的整体规划，对巴黎地区的工业布局进行了调整。在此过程中，电子、电器、计算机等高科技工业成为巴黎工业发展的主要方向，管理、研究、发展、计划、营销和计算机等高科技产业在城市中心进一步集中，高级专业人才高度集聚，产业结构发生了由工业向服务业的转型升级，并且创新的高科技产业要素不断增加，某些极具优势的传统行业和文化艺术产业蓬勃发展，产业结构高级化、创新化、知识化趋势日渐明显。也正是在这一过程中，极具特色的服装产业、新闻出版业得到蓬勃发展，为巴黎成为全球时尚消费中心奠定了产业基础。70 年代后，巴黎城市产业结构的调整为之后的文化创意产业和消费产业的蓬勃发展奠定了重要基础。

三、从产业导向型城市到"和谐"城市

21 世纪以来，全球互联网和市场体系深入发展，全球经济社会发展进入更高层次的全球经济网络时代。如何通过制度创新不断缩小不同群体之间的收入差距，缓和各种社会矛盾，获取经济平稳增长的更大发展机会，逐渐成为全球共同目标。再加上气候环境的不断变化和 2008 年全球经济危机的爆发，许多国家和城市开始寻求新的经济增长动力和增长点，低碳经济、公平社会、人本城市成为全球城市经济社会发展的新趋向。巴黎面临着如何在保证社会和谐和环境良好的同时保持其国际经济地位和吸引力的挑战。首先，经济危机使得传统产业失去优势并直接导致失业率的增加，加强创新产业和知识型产业成为大势所趋。其次，巴黎在交通、社会、环境等方面存在着不平等现象，直接导致了贫富差距、住房紧缺以及环境破坏等问题。最后，全球气候变化和城镇化的双重作用加剧了极端气象灾害的威胁程度。有鉴于此，巴黎从以产业发展为导向的城市逐渐转向环境友好型的"和谐"城市。

第二节　巴黎城市国际交往的多维表现

一、现代服务业、时尚产业和金融商业中心打造巴黎国际交往的基础

20世纪初至第二次世界大战前期，大巴黎地区是法国制造业的重镇。随着城市化的发展，巴黎产业结构出现了由传统的工业向以文化创意产业、时尚产业为主的现代服务业转型。截至2020年，巴黎超过五分之四的劳动力受雇于服务部门，特别是商业服务和公共及私营部门。整体而言，巴黎的高级管理、行政和研究人员比例高于法国平均水平。[①]

巴黎原是法国最重要最完备的工业区，其非工业化趋势开始于20世纪50年代。随着地价不断上涨，工业产品成本增高，工业建筑向高层发展，城市环境受到严重污染，同时加剧了巴黎同其他地区之间的经济发展不平衡。为了改变这种局面，法国政府在巴黎实施了"工业分散"政策，严格控制巴黎地区工业的继续集中。这并不是禁止发展工业，而是强调有规划的发展，在巴黎市区发展劳动密集程度较高的工业和手工业，在郊区发展现代化工业。

巴黎在实施"工业分散"政策的同时，也进一步强调其作为政治、文化、贸易、金融、科技中心的地位。就经济功能而言，巴黎首先是作为贸易、金融和银行中心而起作用。正由于其作为重要的金融中心，使工业企业向巴黎集中，才形成其工业中心的地位。[②]

目前，巴黎形成了"一主两辅"的现代服务业布局，巴黎市区是城市主中心，集聚了巴黎70%的金融机构、60%以上的企业服务业和15%的商业中心；拉德芳斯是巴黎重要的企业集聚区和商务中心区，集聚了1600多家企业，包括法国最大的20个财团和一批世界500强企业；马尔纳—拉瓦莱地区是研发服务及商业服务企业的集聚区，同时是休闲产业的集聚区。当前，信息技术、通

[①] Amy Tikkanen, "Geography & Travel," https://www.britannica.com/place/Paris/People#ref14538, accessed October 6, 2020.

[②] 北京市统计局、北京市统计学会：《巴黎的第三产业——〈第三产业国际比较〉分报告之六》，《北京统计》1996年第11期，第28页。

信、汽车、航空、生命科学、生物技术、生态环保、金融等行业逐渐成为巴黎大区优先发展的领域。①

20世纪50—60年代，巴黎第三产业就业比重持续提升。如今，巴黎以服务业为主的就业人口占整个地区就业总人口的79%，高于全国的平均水平（71%）。②同时，许多大公司都将总部设在巴黎。

巴黎一直是国际时装设计中心，是高级时装的发源地，长期以来一直引领着欧洲的时尚潮流。时尚产业是法国的第二大产业。巴黎有许多著名的设计品牌，也是时尚购物的首选目的地，圣奥诺雷大街和香榭丽舍大街有来自世界各地设计师的精品店。巴黎与米兰、伦敦和纽约一起被评为全球"四大时尚之都"。除了时尚和皮革制品，巴黎还是许多著名珠宝商的故乡。法国妇女是这些产品最大的消费者，法国是世界上最大的香水和化妆品出口国。巴黎每年举办两次时装周，城市的时装公司常展示时装系列。此外，其他国家的设计师也常在巴黎展示作品。

巴黎时装产业被称为国宝级的文化艺术产业，服装产业完整的产业链使其成为巴黎的支柱产业。巴黎一直是时尚之都，顶级的品牌和最出色的设计师、摄影师、评论家、时尚名流、商家聚焦全世界传媒视线，构筑了当今世界的主流时尚圈。全世界的时尚媒体基本以巴黎时尚作为坐标点。特别是自20世纪50年代以来，仅仅围绕如何促进高级时装产业发展、如何培养高级时装人才、如何扶持高级时装品牌，巴黎政府就采取了一系列有效措施。巴黎大力发展高附加值的高级时装产业，在使其保持全球时尚产业领先地位的同时，大大促进了城市产业的高端化。

巴黎政府采取的具体措施包括四个方面。第一，设立高级时装公会。1973年，法国政府在高级时装协会的基础上在巴黎设立了法国高级时装公会，其会员均来自法国、日本、意大利、比利时等国在全球享有盛誉的国际品牌。迄今为止，这一公会是具有象征性和代表性的国际时尚业的核心和权威机构，在时装产业发展中发挥了十分重要的作用。第二，举办更加开放的巴黎时装周。早

---

① 左学金:《世界城市空间转型与产业转型比较研究》，社会科学文献出版社，2011，第102页。
② 费尔南·布罗德尔:《法国经济与社会史》，谢荣康等译，复旦大学出版社，1990，第386页。

在1910年，巴黎人就开设了巴黎时装周，即便在第二次世界大战期间也没有间断。与纽约、米兰、伦敦时装周等相比，巴黎时装周更加侧重国际性、开放性和创新性，成为世界各地新兴设计师和新兴品牌的集中展示舞台，吸引了全世界各地媒体和民众的高度关注。这种高规格、大规模、高层次的世界性宣传，向全世界充分展示了法国创意、设计和时尚产业所能创造的附加价值，对促进时装产业的发展发挥了非常重要的作用。第三，设立专门的"时尚与投资"基金，作为新兴品牌进军国际市场的后盾。强调原创性是时尚产业的一大特点，一些新兴品牌在初期成长阶段经常会遇到资金困难的问题，如何帮助新兴品牌融资，成为产业发展中至关重要的一环。为此，一方面，巴黎高级时装公会逐步引导新兴品牌加入时装周发布会，以平易近人的价格为其提供发布场地，提高上镜率，帮助新兴品牌打入国外市场；另一方面，设立专门的"时尚与投资"基金，帮助新兴品牌融资，通过购买新兴企业小额股份的方式协助它们渡过难关。[①] 第四，建立推动时尚产业发展的政、产、学、研机构。法国政府为了推动时尚产业的发展，在政府、社会、教育等不同领域建立了推动时尚产业发展的配套机构，专门为这一产业的规划制定、研究设计、人才培养等提供保障。例如，在政府管理系统中有法国工业创新推广局，在社会组织中有法国室内家具创新和价值开发协会，在教育研发方面有法国设计学院、法国高等工业设计学院、法国时装学院等，这些产业促进机构相互配合，在政府的政策指导下，协同推动整个文化创意产业链的发展。

巴黎不仅是法国的政治和文化中心，也是其重要的金融和商业中心。巴黎是一个非常富裕的城市。法国主要的银行、保险公司和其他金融机构都聚集在巴黎，数十家国外综合服务银行也在巴黎设有分支机构。2000年，巴黎证券交易所与阿姆斯特丹和布鲁塞尔证券交易所合并，形成泛欧交易所股票市场，2006年纽约证券交易所又与之合并，巴黎成为名副其实的金融中心。

早在19世纪巴黎就已成为国际金融中心。巴黎的银行为欧洲的大量国际贸易提供了资金，并通过为欧洲、中东乃至美洲的矿山、铁路、制造厂和新的金融机构的长期融资，帮助法国进行海外投资、实现贸易顺差，时至今日此类

[①] 陶希东：《巴黎转型发展的路径与策略研究》，第99页。

金融机构仍然发挥着重要的作用。尽管不是海洋港口，但作为重要的制造业、金融和行政中心，巴黎在国际贸易中发挥了重要作用。即使很多大型法国公司在各省有制造厂，但它们几乎都把总部设在巴黎，距主要银行和主要部门很近。目前，全球《财富》500强中的法国前十名企业均在巴黎地区设有总部核心机构，它们分别是道达尔公司、安盛集团、法国农业信贷银行、家乐福、法国巴黎银行、标致汽车公司、法国电力公司、Engie集团、雷诺汽车公司和迪奥公司。

二、国际组织、论坛和会展助力巴黎的国际交往

巴黎是重要的国际政治中心，一些政府和非政府间国际组织将总部设在巴黎。巴黎最有名的国际组织是联合国教育、科学及文化组织。联合国教育、科学及文化组织是联合国总部下属的第一大分组织，在全球有3000多名工作人员，仅在总部巴黎就有2000人。它在全球拥有191个会员国，有数百个非政府组织与联合国教育、科学及文化组织保持着密切联系。

经济合作与发展组织（简称"经合组织"）成立于1961年，总部设在巴黎，如今拥有30多个成员国，都是世界发达国家。

国际人权联合会总部位于巴黎，是一个国际人权非政府组织，成员包括来自117个国家的192个组织。自1922年以来，国际人权联合会一直捍卫《世界人权宣言》中规定的所有公民的政治、经济、社会和文化权利。[1] 国际博物馆协会成立于1946年，是一个与教科文组织保持正式关系的非政府组织，并在联合国经济及社会理事会中具有咨商地位。它的总部也设在巴黎。

国际汽车联合会，成立于1904年，已拥有213家汽车组织成员。它主要致力于保护汽车消费者的利益，促进世界汽车运动的发展。而成立于1971年的医生无国界组织则是一个非营利的国际非政府组织，曾于1999年获得诺贝尔和平奖，目前该组织的成员已经遍及全世界，是全球最大的独立医疗救援组织。[2] 这二者也将总部设在巴黎。

巴黎和平论坛由法国总统马克龙发起成立倡议，旨在汇集相关观点和倡

---

[1] "International Federation for Human Rights," https://www.fidh.org/en/about-us/What-is-FIDH/, accessed October 6, 2020.

[2] 贾烈英：《巴黎如何成为世界文化中心城市》，《公共外交季刊》2013年春季号，第100页。

议，有效促进国际社会在全球重大问题上开展合作，实现公平公正的全球化和有效的多边主义。巴黎和平论坛与全球治理主要利益攸关方的一些多边机构、公共和私营组织建立了伙伴关系，这些合作伙伴向论坛协会提供必要的智力和资金支持，并利用额外的政治和媒体资本增加其影响力。[①] 通过相关国际论坛的举办，巴黎逐步在多边主义方面树立起良好的全球城市形象。

自1878年以来，巴黎万国博览会的举行推动了科学和技术的进步。世博会是城市发展的助推器，19世纪上半叶到20世纪上半叶，巴黎几乎每隔11年就举办一次世界博览会。世界博览会的举办，为巴黎促进产业更新和提高世界影响力发挥了积极的作用。[②] 通过世博会的举办，巴黎的全球城市形象逐渐深入人心。

三、巴黎是世界文化之都

几个世纪以来，巴黎一直被视为西方世界重要的文化中心，吸引着艺术家和知识分子，并且被认为是产生新思想和艺术的地方。这在20世纪初期尤为明显，当时巴黎受到众多外籍作家和艺术家的青睐，城市文化生活非常活跃和独特。巴黎人喜欢具有好奇心、懂得优雅的风格，也是狂热的艺术赞助者，所以在巴黎有很多剧院、音乐厅、博物馆、美术馆和艺术电影院。

巴黎名目繁多的博物馆和艺术展览馆是其国际化的重要标志。巴黎城市博物馆和展览馆的历史可以追溯到旧王朝时期，19世纪后半期又出现了大批展览馆。1880年建立的卡尔那瓦博物馆和1898年建立的巴黎历史图书馆就是巴黎历史的见证。20世纪初期，巴黎仍是世界艺术之都，其文化美誉也逐步建立起来。除了20世纪30年代的一些与博览会有关的建筑外，巴黎建有许多游客可以浏览的博物馆，如1909年建立的警察博物馆、1920年建立的航空博物馆、1925年建立的荣誉勋章博物馆、1934年建立的公共救济事业博物馆和1946年建立的邮政事业博物馆等。有些博物馆专门举办某些艺术家的遗作展览，如1903年举办的古斯塔夫·莫罗作品展、1919年举办的罗丹作品展和1934年举办的莫奈作

---

① "Paris Peace Forum: 2018 Annual Report Providing Cooperative Solutions to Global Problems," https://parispeaceforum.org/wp-content/uploads/2019/09/Annual-report-Paris-Peace-Forum-2018-2.pdf, accessed October 6, 2020.

② 陶希东：《巴黎转型发展的路径与策略研究》，第97页。

品展等。有些博物馆的展出具有慈善性质，如1913年举办的雅克马特·安德烈作品展、1929年举办的科纳克·雅伊作品展和1937年举办的尼西姆·卡蒙多作品展。① 目前，巴黎主要有14个博物馆，其中巴黎现代艺术博物馆的藏品近1.5万件，代表了20世纪和21世纪艺术创作的丰富性。2019年，共有300万游客参观巴黎博物馆。②

巴黎以自由、平等、创新的城市文化精神孕育了巴尔扎克、肖邦、毕加索、伏尔泰等一大批文化大师。早在1855年，巴黎就举办了第一届农业和艺术博览会。目前，巴黎是法国文化、教育事业的中心，也是世界文化名城。巴黎有75个图书馆，藏书逾1000万册。巴黎拥有50个剧场、200个电影院和15个音乐厅，巴黎歌剧院是世界上面积最大的歌剧院。③

法国主要的国营剧院是法国剧院、奥迪翁剧院和夏洛特国家剧院，这些剧院的节目是法国的经典曲目、严肃的现代戏剧以及部分国外剧目。许多私人剧院的票价较低，有150多个，其中许多是国家支持的剧院，这些剧院提供了实验性"边缘"表演、歌舞表演等混合节目。除了商业电影院以外，这里还有许多小的"艺术"房屋，可以放映各种各样的电影。法国的主要电影制片厂聚集在巴黎郊区。

巴黎注重发展新式旅游业。巴黎《城市地方规划》指出要保持巴黎地区旅游业的活力，就必须改善接待游客的条件。其具体的举措包括加强住宿硬件设施建设、实现道路交通的连贯性、完善旅游信息系统建设、鼓励旅游产业发展、提高展览会和博览会的办展水平等方面，通过提升巴黎对世界游客的吸引力，以旅游服务业促进城市转型发展。④

丰富的文化底蕴与法国政府大力发展文化外交相得益彰。法国政府一直重视文化外交。政府经常将文化名人视作法国的名片而委以外交重任，如16世纪的著名诗人杜贝莱被任命为驻罗马大使；18世纪，卢梭任驻维也纳大使；19世

---

① 贾烈英：《巴黎如何成为世界文化中心城市》，第98页。
② Https://www.paris.fr/pages/3-millions-de-visiteurs-dans-les-musees-de-la-ville-de-paris-en-2019-7405, accessed October 6, 2020.
③ 杨吉、张永学：《自由的艺术之都——巴黎》，《重庆与世界》2009年第12期，第82页。
④ 杨吉、张永学：《自由的艺术之都——巴黎》，第82页。

纪，著名诗人夏多布里昂任驻伦敦和罗马大使，随后又出任外交部长；同一世纪，著名诗人拉马丁也被委以相同职务。文人外交官成为18世纪和19世纪法国外交的一大特色。[①]

18世纪的欧洲，一股前所未有的"法语热"风靡一时。其时，在其他国家的贵族沙龙中，乃至在宫廷里，人们皆以讲法语为荣。更有甚者，当时不仅法国启蒙思想家被欧洲各国的所谓"开明君主"接二连三地请入宫廷，待若上宾。就连一些并无特长的法国人，仅仅因为会说法语，亦纷纷被各国的王宫显贵、富商巨贾请入家中担任家庭教师。

从17世纪为贵族制作挂毯、家具到当今的时装业，巴黎长期以来在创造奢侈品方面一直发挥着巨大的影响力。20世纪以来，巴黎之所以成为法国乃至世界的时尚产业中心，主要得益于政府根据产业发展和转型的要求，积极制定有利于时尚产业发展的一系列优惠政策，并以此支持企业开展创新创意和时尚设计活动，吸引设计师创作更前卫的时尚产品。

17世纪末以来，巴黎一直是世界奢侈品生产的领头雁。之所以成为领头雁，是因为皇家法院以及居住在城市的大量富有贵族和皇室官员产生了巨大的需求。法院雇用了艺术家和熟练的工匠，贵族和官员也竞相模仿。国王甚至创立了企业，生产的产品有戈贝林斯皇家挂毯和家具作品等，产品赢得了国际声誉。17世纪后期，国王路易十四在凡尔赛建立了一座巨大的城堡。整个欧洲的王子都模仿法国风气，并产生了对法国奢侈品的更多需求。在18世纪，整个欧洲的精英都会购买巴黎制作的家具和其他奢侈品。1867年，巴黎附近生产的奢侈品种类约占法国制成品出口的26%。

2017年巴黎在全球所有奢侈品商店中占有5.9%的份额，这是其作为高端零售业全球中心地位的体现。在法国零售市场发生变化的环境中，奢侈品行业提供了有保证的稳健性，在过去的几年中营业额都在增加。

四、现代化的巴黎城市社会治理与服务

巴黎虽然是具有全球影响力的国际大都市，但巴黎推动城市国际交往的一个基本路径却是由内及外的，即首先做好城市治理和社会服务，以现代化的管

[①] 贾烈英：《巴黎如何成为世界文化中心城市》，第96页。

理方式建设全球城市。在对市民进行全面深入咨询调研的基础上，2006年巴黎市政府集全市智慧推出了《城市地方规划》，对巴黎未来的发展方向提出三个目标：第一，提高所有巴黎市民的生活品质；第二，缩小巴黎各阶层之间的差距；第三，尽可能地汇聚巴黎地区优势，推动特色产业的发展。根据该规划，巴黎将通过功能区建设、物流业发展、新型旅游业培育、多元化商业推动来激发与提升城市活力和服务功能。[①]

巴黎努力实施四大功能区建设。根据《城市地方规划》，巴黎市被分为普通城市区、城市服务区等功能区。其中，普通城市区占据面积最多，拥有大部分现代城市生活功能，降低人口和建筑密度是普通城市区的改进方向。而城市服务区主要是为了确保巴黎市乃至巴黎地区的各项服务及其设施能够长久地处于稳定运行状态，在巴黎市和近郊三省的交界处设置特殊的区域——城市服务区，将服务设施集中到这一区域之中。这一规划旨在改善物流运输质量、容纳城市各大服务功能、增加更实用的城市服务设施等，并以此提升巴黎市民的生活质量。[②]

交通是城市发展的重要物质基础之一，也是影响人们生活质量的重要因素。从20世纪70年代早期开始，巴黎的交通系统开始扩充并逐步实现现代化，现在被认为是世界大城市中最完善的交通体系之一。巴黎16条地铁线路上的车辆速度快、车次多。巴黎地铁系统远达郊区，某些地点的路线与铁路网的主要干线已经衔接起来，缓解了交通拥堵问题。20世纪80年代，巴黎成为一座月票城，地铁每日运送旅客500万人次，地铁费用由政府补贴，乘客仅需付实际费用的一半。巴黎的公共汽车系统也实行了现代化。便利化、网络化的城市交通体系为整个巴黎的城市产业扩散和空间拓展提供了坚实的物质基础，也为在巴黎生活和工作的人提供了越来越多的舒适和便利。[③]高速火车将巴黎与法国大部分地区连接起来，可以到达欧洲大陆的邻国，甚至从巴黎穿过海峡隧道可以到达伦敦。

巴黎是世界第五大繁忙的国际航空运输枢纽。巴黎有三个国际机场：戴高

---

① 陶希东：《巴黎转型发展的路径与策略研究》，第107页。
② 陶希东：《巴黎转型发展的路径与策略研究》，第107页。
③ 陶希东：《巴黎转型发展的路径与策略研究》，第101页。

乐机场、奥利机场和博韦—蒂莱机场。这三个机场2014年共有9650万人次的旅客吞吐量。戴高乐机场位于巴黎北郊，于1974年开始商业运营，并于1993年成为最繁忙的巴黎机场。2017年，其成为世界第五大繁忙的机场，同时是法国航空公司的枢纽。此外，巴黎地铁高效便捷。巴黎完善的交通体系给居民提供了便捷舒适的服务。

2001年以来在巴黎市资产阶级化背景下进行的一项社会混合政策的基础研究，表明了社会住房保障的基本作用。市议会参与了有关社会住房定位和分配的政策决定，以"平衡人口"原则的名义对中产阶级给予了特别关注。其中一个方案包括重建工人阶级居住区。这些政策提高了社会凝聚力，推动了个人发展，并重塑了社会和种族身份。

法国拥有高质量的医疗保健系统，无论处于什么年龄或经济状况，政府为所有公民提供全民医保。医疗系统由公共和私人服务组成。在法国，居民可以享受强制性的健康保险，而想要额外保险的人可选择购买私人保险。政府资助的机构覆盖超出了卫生支出的75%。在社会事务和卫生部下属的法国公共医疗中，由各种不同的医疗服务机构提供初级和二级医疗服务。法国提供了高水平的预防保健服务，包括预防、定期体检以及促进体育锻炼和健康饮食在内的相关服务。[1]

"智慧城市"一词对不同的人有不同的含义。对于大多数人而言，构想出一个技术先进的大都市的愿景，是在这个大都市中市民依靠智能小工具生活。智慧城市的概念描述了基于大数据、技术和智能管理的政府举措，这些举措改善了城市居民的生活质量。技术和数据是打造智慧城市的重要基础。

在智慧城市管理方面，巴黎的主要目标是通过调动从市民到各行业从业者的集体智慧，以智能的方式应对城市发展中的挑战。因此，通过与不同行为体的合作，巴黎可以更好地认识自己、分享知识，并制定一个面向全欧洲的智能城市战略。智慧城市的出现给经济和市民带来了广阔的前景，但也带来了一定的挑战。智慧和可持续发展的城市是数据驱动的、依靠物联网连接的城市。

---

[1] Gary Buswell, "The French Healthcare System," https://www.expatica.com/fr/healthcare/healthcare-basics/a-guide-to-the-french-healthcare-system-101166/#Overview, accessed October 7, 2020.

但处理捕获的所有数据,并且以一种可分析和用于改进的方式汇总信息至关重要。[1] 在智能基础设施领域,巴黎计划建立一个更灵活和更环保的城市网络模式。这首先意味着通过综合使用信息来处理复杂的数据,核心问题是如何实现数据管理的动态化、标准化和交易性。

从能源角度来看,巴黎希望创建一个能源循环系统,从而可以优化链条中的各个节点,就近使用资源有利于生产集中和能源回收。因此,这种回收的能源逻辑指的是循环经济模型,形成从上游到下游的链条,目标是从一次性社会转向可持续社会。为实现这个目标,关键在于优化设备性能、修复建筑物、增加城市密度和使用可再生能源。

巴黎市政府认为,如果一个城市只由公共机构进行设计,即使以一种综合的方式开展活动,其管理也不可能是智慧的,居民的参与对于建设真正智能的城市是必不可少的。用户、消费者、企业、代理商的城市参与度越深,才越能表明智能城市的解决方案在经济上是可行的。

第三节 巴黎的全球影响力建构

一、巴黎全球城市指标的排名变化

巴黎作为全球性城市,在结构性影响力维度上具有一定的影响,尤其是在2016年全球气候大会的召开以及有关气候变化的《巴黎协定》的签订,对于巴黎这座城市具有划时代的意义。在此之前,巴黎的国际中心地位主要表现在塑造性影响力维度上,作为全球时尚之都、旅游胜地以及信息交流中心,巴黎通过营造良好形象展现城市魅力。在此之后,巴黎的结构性影响力进一步增强,通过建立全球治理机制的形式,发挥着稳定、长期、深远的影响。得益于此,巴黎在全球参与方面拥有一席之地,国际中心的地位更加凸显和稳固。2008—2012年,巴黎在全球政治参与方面的活力不足,国际政治会议的选址也少有落户巴黎,这一状况在2015—2016年得到好转。首先,2015年11月,全球气候

---

[1] Emmanuel Tychon, "How Paris Improves Building Efficiency to Become a Smart City," https://blogs.cisco.com/analytics-automation/how-paris-improves-building-efficiency-to-become-a-smart-city, accessed October 7, 2020.

大会的召开直接提升了巴黎在全球气候变化治理领域的领导力和话语权，2016年《巴黎协定》的签署则进一步凸显了巴黎的政治影响力。尤其是《巴黎协定》将全球气候治理的措施以及各国承诺履行以机制化的形式确定下来，使其得以长期发挥质变性塑造作用，同样提升了协定签署选址地的知名度和影响力。其次，全球城市实力指数报告显示，2015年巴黎发生恐怖袭击，导致巴黎这座城市在"居民居住安全舒适度"维度的分数直线下滑。次年这一数据则出现较为明显的反弹，其原因是巴黎在难民政策方面建立了有效的危机管控机制，缓解了巴黎居民的忧虑，并且为欧洲其他国家及地区提供了可借鉴的模式。2019年的《全球城市指数展望》显示，在"具有全球影响力的机构"方面，巴黎排名第一位，其全球治理维度的评分排名全球第一位。

巴黎的结构性影响力呈稳步增长状态，2018年已超过伦敦，位居第四名，但与一直保持第三名的纽约有一定差距。巴黎在全球治理的参与力度与话语权方面确有实质性的提升，但仍有继续提升的空间。

尽管在全球城市排名体系中一直名列前茅，但在关系性影响力维度的建构方面，巴黎始终处于相对弱势状态。自2008年起，巴黎始终处于全球城市等级体系排名的顶端，但相比于同为国际交往中心的纽约和伦敦，巴黎在经济交往方面与这两座城市仍有较为明显的差距，尤其表现在人力资本以及创新能力方面。此后，巴黎采取了一些针对性措施，但成果并不明显。直到2015年，巴黎在人力资本以及创新能力领域取得了一定成效，人力资本与创新力的评分涨幅明显。虽然2017年的全球城市指数报告显示，巴黎在人力资本与创新能力方面尚有提升空间，但此方面的建设已经初见成效。2020年由于受到新冠疫情的冲击，巴黎的创新研发产业受到冲击，产业发展呈现大幅下滑态势。

总体而言，巴黎在关系性影响力维度上呈现下滑态势，且与伦敦和纽约的得分差距进一步拉大。尤其是在经济交往层面，2015年末发生的恐怖主义袭击对巴黎市经济造成了直接打击，导致之后两年的经济相对疲软，直到2018年巴黎市的经济才呈现小规模上升趋势。

在塑造性影响力维度方面，巴黎具有独特的优势，并在指标体系中有所体现。自2008年起，文化体验和信息交流便成为巴黎独具优势的领域。就文化体验而言，巴黎这座城市拥有大量的名胜古迹和享誉世界的热门景点，每年吸引着大量的海外游客前往，旅游业因此成为巴黎的支柱产业之一。此外，第二次世界大战后巴黎产业结构的调整升级促进了时尚产业的兴起，巴黎逐渐演变成全球时尚之都。每年的巴黎时装周都汇聚着各个世界顶尖时尚品牌，巴黎这座城市成为全球时尚产业的风向标，以时尚先锋的形象引领潮流。原本巴黎在体育赛事举办经验方面的欠缺是文化体验维度的一大短板，但2024年巴黎成功举办夏季奥运会，促进了城市建设，城市吸引力得到提升，巴黎在文化体验维度上的表现较好。巴黎在信息交流方面相比于其他国际交往中心也拥有明显优势，自2008年起，巴黎在这一领域的排名便在指标体系中占据榜首。2010年由于衡量标准的结构性变化，[1]巴黎在信息交流方面的评分有下滑趋势，但之后逐渐恢复。在2015年的全球精英城市评估中，巴黎在信息交流和文化体验方面超过纽约和伦敦，居于首位；优质城市力的评估数据显示，巴黎在信息交流领域的得分同样排名第一位。可以说，巴黎在信息交流方面的高通达度成为其作为国际交往中心的一大特色。

巴黎在塑造性影响力维度上的表现相对稳定，尽管一直以来保持在第三名的位置，但与排名第二位的纽约的差距不断缩小，与伦敦的差距却逐渐增大，[2]因而巴黎在文化体验以及信息交流等方面还有提升的空间。

二、巴黎全球城市建设的针对性措施

相关数据显示，自2008年起，巴黎在全球城市排名体系中一直保持第三名的水平，2010年受到衡量指标结构性变更的影响，巴黎的城市综合排名下跌一名，但此后很快重回第三名的位置。直到2016年，巴黎被长期居于第四位的东京超越，此后的巴黎便一直保持在第四名的位置。

针对不同领域的指标变动，巴黎采取了不同的措施来提升城市影响力、竞争力与吸引力，旨在增强城市的优质资源汇聚能力，为进一步提高城市全球话

---

[1] 由于在信息交流衡量指标方面增加了"审查"一项，巴黎的得分有所下降。
[2] https://www.kearney.com › 2020-full-report; https://www.kearney.com/service/global-business-policy-council/gcr/2018-full-report; https://www.kearney.com/service/global-business-policy-council/gcr/2019-full-report; https://www.kearney.com/service/global-business-policy-council/gcr/2017-full-report; https://www.kearney.com/documents/291362523/291366933/Global+Cities+2016.pdf/934b2d25-89fa-00d2-ee9a-b053b92b5230?t=1500535708000; https://www.kearney.com/documents/291362523/291366933/Global+Cities+2015.pdf/2b1ddf42-d5d1-d0c7-682f-7c4bf49d85ec?t=1500535708000, accessed October 6, 2020.

语权与影响力提供必要的条件。下文将巴黎所采取的措施分为机制、政策以及活动三大方面。

(一) 建构结构性影响力

最初，作为国际交往中心的巴黎并非一个政治性城市，由于在政治参与、全球治理以及举办国际政治性会议方面的经验不足，其在话语权与政治影响力和塑造力方面与同等级的城市存在一定的差距。直到2016年，这一情况才有所转变。2015年由于移民问题，巴黎发生恐怖袭击，巴黎的"安心指数"直线下滑，为避免市民产生长期性焦虑与恐惧以及尽快恢复城市的稳定状态，巴黎市政府在移民问题方面建立了较为有效的管理机制，旨在以规则条例的形式将不确定因素控制在最低程度。2015年11月，全球气候大会在巴黎召开，次年签订了会议成果《巴黎协定》。此次会议的召开，不仅提升了巴黎的政治参与度，还在很大程度上提升了巴黎在全球气候治理维度上的话语权和影响力。2018年，巴黎出台了《巴黎气候计划》，这意味着巴黎在气候治理方面拥有了完整体系和计划，在气候治理领域的能力日益显著，国际话语权不断提升。通过上述两方面机制的建构，巴黎的结构性影响力大幅提升，巴黎的城市发展也由此从文化交流导向型的单中心模式转变为政治、经济、文化齐头并进的多中心共同发展模式。

1. 横向行动与试点计划

为了有限地接纳移民，从一定程度上缓和巴黎的社会矛盾，增强巴黎这座城市的安心指数和安全程度，巴黎市与国家紧密合作，于2015年6月开始了前所未有的动员。巴黎通过动员其卫生中心和母婴保护中心，对基本卫生、食物和住房的需求做出回应，最大限度满足移民或难民的需求。2015年底，负责相关工作的副市长多米尼克·韦尔西尼（Dominique Versini）与市长索菲·布洛卡斯（Sophie Brocas）共同发表了《巴黎社区有利于难民的行动计划》。该项行动计划包含了18项承诺，可谓对地方当局进行重要庇护工作的补充。因此，相关人士为巴黎社区制订了一项横向行动计划。该项计划主要通过确保居民接待安全、确保日常居住安全以及加强融入，确保巴黎在国际上树立促进人权的形象，提升在该领域的话语权和影响力。鉴于此，国际人权联合会在巴黎建立了人权支持中心，试图进一步增强巴黎的国际人道主义援助能力。

2. 巴黎的气候与能源计划

巴黎在应对全球气候变暖方面一直是先锋。为应对生态转型的挑战，2018年3月，巴黎理事会通过了一项新的气候计划，确定到2050年巴黎成为碳中和城市并适应气候变化的长期愿景。该行动方案的大致蓝图是：2020年，巴黎进一步加快实现先前气候计划中的承诺，减少25%的温室气体排放和能源消耗，以应对生态转型危机；2030年，巴黎减少50%的温室气体排放，减少35%的能源消耗和增加45%的可再生能源消耗；2050年，巴黎建设成一个碳中和且100%可再生的城市。

3. 巴黎与欧洲国家达成的城市协议

巴黎与世界大城市都保持着联系，为不同文化之间的交流与借鉴创造了必要条件。巴黎已与许多欧洲城市签署了城市协议，市政当局与欧洲项目紧密相连，在地方一级采取行动，使欧盟与公民之间的距离更近，从而使其具体成就在巴黎人的日常生活中得以展现。此外，巴黎和欧盟致力于使这座城市变得更加团结，居住环境更加宜人和城市充满活力。欧盟通过"欧洲2020年"战略，旨在到2020年实现更明智、更可持续和更具包容性的经济增长。

欧盟试图将巴黎打造成为具有活力的繁荣都市、欧洲国际交往中心，因而聚集了许多对巴黎有利的资源。"欧洲2020年"战略建构了两种机制。第一，在欧洲社会基金会的支持下，巴黎通过专业融合行动为失业或是需要救济的巴黎人提供了帮助。第二，巴黎第18、19和20区的优先区的城市发展机构"综合领土投资"获得了1000万欧元的资助。法国正资助许多地方项目，帮助创建公司、进行培训等。

通过上述两种机制，巴黎促进并鼓励巴黎行动者接触欧洲基金，并支持他们建立和监督其项目。这还涉及通过参与欧洲大都市、欧洲城市、能源城市等欧洲主要城市的网络与其他欧洲主要城市建立伙伴关系的政策。

巴黎对结构性影响力的塑造主要通过在人道主义援助、全球气候治理等领域强化影响力和相关方面的国际话语权。法国的欧盟成员国身份为巴黎在政治领域提升影响力提供了更为宽广的领域维度。巴黎既可以利用欧盟成员国的身份，以欧盟作为渠道的平台，在欧盟相关领域发挥作用以提升政治性权力。此外，巴黎还可利用其一直以来在气候治理方面的优势，不断提升法国在全球气候治理方面的知名度和塑造力。总而言之，巴黎旨在提升其政治影响力，追求多中心共同发展的模式。得益于巴黎市政府的不断努力，2015年之后，巴黎的结构性影响力获得提升，政治影响力和话语权进一步增强。

（二）建构关系性影响力

从上述指标数据可以看出，尽管巴黎在世界城市综合排名体系中保持领先地位，但在经济往来方面尤其是人力资本以及创新能力领域依旧存在较为明显的短板。为提升城市在双边关系以及多边关系中的相互依赖优势，巴黎市政府采取了一系列措施，旨在提升自身的人力资本优势和创新能力，促进创新产业以及知识型经济可持续发展，为城市经济发展提供强有力的后劲，从而弥补发展不均衡的缺陷，进一步提升城市吸引力。

1. 打造欧洲首个孵化器网络枢纽

经济研发与创新机构巴黎公司是欧洲领先的孵化器网络枢纽，每年通过14个部门创新平台为300多家初创企业提供支持。2017年，巴黎公司为初创企业筹集了超过1.39亿欧元的资金，初创企业创造或维持了2974个工作岗位。自成立以来，巴黎公司每年组织近330场活动，并进行了200多次实验。

巴黎有40多家孵化器服务于初创公司。帆博实验室和协同工作空间本身就是动态创新生态系统的先锋，为项目负责人和公司提供了一系列商业场所。孵化器的任务是在创新产业公司创建和启动阶段为公司及其项目负责人提供建议和支持。

巴黎致力于发展文化创意产业，包括建立巴黎工作室等。这个孵化器汇集了艺术、时尚和设计等专业，在高级时装领域创造了3万多个直接工作岗位。巴黎拥有完整而独特的高级定制系统，每年都会举办300场时装秀和大约27场与时尚相关的贸易展览。相比于米兰和伦敦时装周，巴黎时装周更具有国际性。巴黎还被公认为是世界时尚之都和法国专业知识之都，在数字创作的创新和设计方面比较领先。自2018年9月起，图莫创新技术中心为巴黎12—18岁的年轻人敞开了学习的大门。

2. 扶持创新公司

巴黎在扶持创新公司的方式上主要有建立项目、设立机制或是开展系列活动等。

（1）隐私影响评估项目

为了支持带有"巴黎创新"标签的孵化器托管公司的融资，巴黎与公共投资银行一起建立了为创新项目融资的机制。巴黎任何一家初创企业或中小型企业只要属于带有"巴黎创新"标签的孵化器，都可以获得由创新机构巴黎公司提供的启动资金，金额最高可达3万欧元，旨在探索用创新的方式解决巴黎发展存在的问题。[1]

（2）"法国技术票"机制

巴黎所推行的"法国技术票"机制实际上是一种吸引外国企业家来巴黎创业的鼓励机制。"法国技术票"机制主要针对国际初创企业，通过竞赛的方式为获胜企业提供高额奖金，根据初创企业的创业文化是否具有足够吸引力以及企业前景是否能支撑巴黎市国际经济发展所需的初创生态环境进行评判。这一机制允许企业创始人联合报名。

（3）"巴黎登陆包"方案

所谓"巴黎登陆包"指的是巴黎公司为外国公司提供的解决问题的办法，即在有限时间内以最小的限制条件进行市场测试的一种途径，可让企业的合作伙伴与潜在客户以面对面的形式试验产品并研究相关规则条例。最终目标是在"软着陆"协议达成后建立稳定的机制，提供"一站式"服务，一定程度上解决外国企业在法国遭遇的困境，并为其提供长期性解决问题的办法。

（4）"科学倡议"计划

"科学倡议"计划是法国倡议组织网络的一部分，专门支持在巴黎创建的创新产业公司。这项计划要求项目负责人在一家巴黎的创新公司中持有至少5%的股份。"科学倡议"计划提供技术和资金支持，以无息荣誉贷款的形式为符合条件的企业提供资金支持，每位项目负责人最高可获得两万欧元的支持，以公司名义则最高可获6万欧元的资金支持（对于规模较大的项目，支持额度为9万欧元）。

（5）"巴黎倡议"项目

"巴黎倡议"项目通过支持和资助企业家间接对社会环境产生一定影响，提

---

[1] Https://www.paris.fr/pages/les-aides-a-l-innovation-et-a-la-creation-2457, accessed October 15, 2020.

供了一系列结构化的融资工具来满足中小企业对于融资的需求，包括提供参与性贷款、银行贷款担保和个人贷款等。

（6）巴黎创新大奖赛

巴黎创新大奖赛旨在为那些促进经济可持续发展的创新公司提供支持，并对那些通过创新来改善城市生活和提升产业结构的公司给予物质性奖励。其每年都在数字技术、生态创新、健康、商业服务、个人服务、数字技术和社会创新领域选出一位优胜者，给予奖金支持。每位优胜者获得1.5万欧元的支票以及进入巴黎市孵化器的名额。

3. 提升人力资本

研究和高等教育是创新的重要温床。近年来，巴黎尤其重视在人力资本方面的投资。对于巴黎而言，人才是提高创新能力和城市吸引力的重要因素。有鉴于此，巴黎投入巨资开发了专门用于研究和高等教育的新场所，巴黎可以吸纳来自7所大学和35个研究组织的36万名接受过高等教育的学生，其中一些还是来自国际知名院校。人力资本是产业结构调整和经济可持续发展的驱动力，巴黎政府努力吸引人才是为了更好地激发经济内生动力，推动创新产业发展升级。

为了在区域内推广创新产业，巴黎公司推出了"启动方案"计划，旨在为年轻人提供更多的就业机会和选择空间。

"启动方案"计划在2015年正式启动，当时关注"启动方案"的巴黎学生只有1万人，到了2017年，已经有超过10万名巴黎学生关注该计划。该项机制的运作流程主要是老师将学生引进孵化器平台，然后以讲习班的形式围绕食品烹饪、社会创新、视频游戏、电子竞技以及运动等主题，让学生接受相关领域的培训，提升学生的应用技能和相关领域的知识储备。

在关系性影响力的塑造方面，巴黎主要聚焦人力资本的提升和创新能力的培养，巴黎在双边和多边经济关系中的相互依存性优势不断增强，在国际交往中的经济影响力和竞争力进一步提升。

（三）建构塑造性影响力

塑造性影响力维度一直以来是巴黎城市建设的优势，就单项排名而言，巴黎在信息交流与文化体验两个指标上的排名已经超越综合排名稳居前两位的纽约和伦敦。

1. 对新闻自由和人权的支持

巴黎秉承对言论自由和新闻自由的支持承诺，为记者无国界组织等非政府组织的工作作出了贡献，为处于危险之中的新闻工作者提供了保护。从这个意义上说，巴黎的支持是一项有价值的行动，也是一项独特的举措。

自2012年以来，巴黎一直是卢卡斯·多莱加国际摄影奖的合作伙伴。该奖项每年一月在市政厅的沙龙中心举行，旨在对独立专业摄影记者在危险地区开展工作进行嘉奖。2017年，在记者无国界组织的支持下，2009年就开始流亡生涯的厄立特里亚记者在巴黎创立了"埃雷纳电台"。它是唯一一个为位于内陆地区的厄立特里亚人以及逃离本国的厄立特里亚人提供免费信息的广播电台。

对于新闻自由的支持本质是一种捍卫人权的表现，巴黎会为人权捍卫者提供支持和帮助。每年，巴黎市的荣誉公民奖都授予在捍卫人权方面有杰出表现的人。此外，巴黎对捍卫人权者的支持还体现在对非政府组织的支持方面。巴黎还支持处于危险中的艺术家，它是国际避难城市网络的成员。巴黎还主办并帮助组织由世界各地的权利捍卫者领导的活动、政治会议和艺术项目等，为他们的斗争提供平台渠道。

2. 对时尚产业的支持

巴黎这座城市是法国精湛技术的载体，它支持手工艺并支持创造。在传统知识和现代技术之间，时尚是必不可少的经济部门，也是工作和吸引力的源泉。

（1）提供可持续发展的人才培养平台

每年，巴黎市政府会为艺术学校拨款300万欧元来支持其运营和更新设备。每年，巴黎市政府与多家公司和机构合作开展的各个项目都将时尚产业的创新人才培养作为核心要求，并与各种基金会合作，包括勒·柯布西耶基金会、蒙特勒的新剧院、卡洛教堂和老佛爷基金会等。

（2）建立巴黎工作室

2017年，巴黎工作室在时尚、设计和手工艺领域主要承担了35个项目。自创建以来，已有160位设计师在这里受益。

作为一种经济支持型机构，巴黎工作室既是企业孵化器、咨询和经济支持中心，又是展览馆。托管在巴黎工作室意味着从场所和服务中受益，通过展览和奖品展示、个性化支持、参与重大活动和合作伙伴关系来突出展示由专业人士组成的网络。

（3）打造"巴黎制造"标签

为了满足巴黎人和外地游客购买本地优质产品的巨大需求，巴黎打造了"巴黎制造"标签，旨在展示巴黎创造者的卓越才能和专有技术。对于产品及其制造商而言，该标签是一种可见性工具，是对所有消费者的信用承诺和对产品的质量认证。

2017年11月以来，在巴黎从事制造产业的手工业者和企业家每年都有机会申请推广他们的产品。"巴黎制造"标签不仅可以帮助制造商、工匠、工人和中小企业获得质量认证，而且是提升创意才能的一种途径。

3. 2022年巴黎旅游业发展战略

作为一项授权承诺，巴黎首次赋予首都一项雄心勃勃的旅游业发展战略，其目标是使巴黎成为世界上最受游客欢迎的城市之一。2022年巴黎旅游业发展战略于2018年11月在巴黎理事会上提出，经过15个月的探讨论证。

4. 打造世界艺术之都战略

巴黎作为全球的"时尚之都"在提升艺术形象和审美素质方面做了许多工作。

（1）支持剧院发展

巴黎每周有近300场演出，是世界公认的"剧院之都"。它提供了各种各样的戏剧，从经典的到前卫的，可谓应有尽有，为巴黎的魅力和创造力作出了贡献。巴黎为戏剧政策投入3200万欧元，这项高额的财政投入旨在支持巴黎对外输出，投资建立艺术研究的场所和项目援助系统。截至2020年，巴黎支持建设的艺术场所大约为30个，且政府每年会资助约50个项目。此外，巴黎还拥有15个著名建筑群，其中的建筑物是巴黎艺术发展的见证和文化底蕴的积淀。

巴黎圣母院是巴黎的文化标志，于1968年以"大众市政剧院"的形式重新开放，旨在让更多人有机会观赏现场表演，欣赏巴黎艺术和进行文化体验。巴黎市政府为此投入1000多万欧元。每年，巴黎圣母院会上演各种形式的当代舞蹈、戏剧和音乐，在巴黎文化生活中至关重要。

（2）推动"审美养成"计划

"审美养成"计划是一项关于艺术教育的计划，旨在培养年轻人的艺术审美和鉴赏能力，展现巴黎这座城市对于艺术发展的贡献。"审美养成"计划于2009年正式启动，通过扩大巴黎艺术和文化教育的规模，建立特定的平台机制促进文化共同利益的融合，使儿童和青少年可以通过艺术实践提升创新意识，获得更多就业机会。该机制使年轻人能够更多地参观剧院、音乐厅、博物馆或展览馆，拥有更多接触艺术、提升审美和鉴赏力的机会。"审美养成"计划为文化服务机构、高等院校和艺术创作团队之间的沟通合作建立了新的平台。

巴黎本身拥有相当丰富的历史底蕴和文化资源，塑造性影响力是巴黎这座城市一以贯之的优势领域。在单项维度排名体系中，巴黎在信息交流与文化体验方面的得分超越了综合排名居于前两位的纽约和伦敦，尽管如此，巴黎市政府并没有在城市塑造力方面的建设上降低力度。巴黎继续发扬文化资源优势，进一步提升综合竞争力和吸引力。可以说，在塑造性影响力维度上，巴黎采取的一系列措施体现了一大特点：充分利用城市的资源优势，打造城市独有特色。

第四节 案例分析

一、结构性影响力建构：以巴黎参与全球气候治理为例

在应对气候变化方面，大城市发挥着重要的作用，巴黎明显是其中的佼佼者。2015年11月30日至12月11日，第21届联合国气候变化大会在巴黎召开，此次会议期望达成一项普遍使用的新协议，采取强有力的行动应对气候变化。此次会议最大不同在于气候谈判模式的根本性转变，即自上而下的强制性减排已被自下而上的"国家预期自主贡献"所取代。随着全球城市化率的不断攀升，国家预期自主贡献如约履行的关键在于城市的正确行动，而行动涉及政治领导、规划、设计、融资、交通和土地使用等基础设施状况和其他条件。[1] 此次大会的最重要成果是《巴黎协定》的签署。

---

[1] 屠启宇主编《国际城市发展报告（2016）：丝路城市——世界城市网络新板块》，社会科学文献出版社，2016，第1页。

《巴黎协定》由近200个缔约方签署，是继《京都议定书》后第二份有法律约束力的气候协定，为2020年后全球应对气候变化行动作出安排。这份以环境保护为目的的全球性公约被法国当局高度重视，被认为是法国重要的政治资产，法国领导人多次在国际公开场合提及相关内容。法国非常重视对该协定的推进和执行，并且以身作则将气候协定的要求贯彻到城市建设和奥运会的筹备活动中。值得一提的是，法国作为巴黎气候大会的主办国，在会前做了精心准备，汲取哥本哈根气候大会失败的教训，一开始就邀请各国元首参与，发挥政要的推动作用，最终促成了《巴黎协定》的签署。

要使巴黎在2050年成为碳中和城市和100%使用可再生能源，就必须有雄心、创新和勇气。巴黎的温室气体排放可分为两大类：内部排放和与能源消耗有关的住宅、第三产业、工业和运输部门产生的废物的排放。为实现《巴黎协定》的目标，巴黎承诺到2050年减少100%的汽车排放量，比2004年减少80%的碳足迹，以逐步达到巴黎的净零碳排放。巴黎的很大一部分温室气体是由化石能源的消耗产生的，改用100%可再生能源的能源系统将大大减少温室气体排放。巴黎实现100%使用可再生能源的转型根本上涉及改变巴黎和法国的现有能源系统。

为实现2050年"碳中和"计划，巴黎必须做出战略选择：逐步摆脱化石燃料，用可再生能源予以代替。巴黎地区的大量矿床必须加以开发，特别是地热和太阳能。巴黎的目标是保证其能源安全并开发出更具弹性且无碳的能源模型。巴黎能源系统的转型基于其供电能源网络。巴黎计划与地方当局建立新的双赢合作伙伴关系，投资发展边界以外的可再生能源，确保普遍获得高效和可持续的能源服务，提高能源效率、增加对可再生能源的使用。

随着相关措施的实施，巴黎继续在应对气候变化方面在全球处于领导地位，包括先进理念的提出和相关立法的推进，巴黎将越来越拥有在应对气候变化方面的"规范性力量"，这也助推了巴黎的结构性影响力的提升。

二、关系性影响力建构：以《巴黎老年人计划（2017—2021）》为例

随着城市老年人口不断增加，世界卫生组织提出"老龄友好型城市"的概念，倡导建构"城市老龄友好社区"，形成有利于老年人独立自主的生活环境，搭建社交平台，提升老年人的幸福感，创建有利于老年人身心健康的社区居家养老场所，从社区与公众参与、住房、公共空间与交通、健康与社会服务等方面入手，建设适宜老年人居住的社区，满足老年人多样化的物质需求和精神追求。[1]

西欧国家普遍存在着人口老龄化现象，由于人口出生率较低，法国自19世纪初以来就开始显现这一特征。21世纪初期，法国60岁以上的人口超过总人口的五分之一。人口年龄的结构变化给社会和经济也带来影响，政府在退休金、医疗和社会服务方面压力倍增。2012年，巴黎65岁以上的人口达到46.6万，政府当局承诺采取措施促进城市发展适应人口年龄增长的需求，使各年龄段的人都能在巴黎找到适合自己生活的环境。截至2014年底，巴黎65岁以上的人口约占巴黎总人口的20.8％。据估计到2040年，年龄在60岁以上的巴黎人将占总人口的25.2％，届时巴黎将有8万名年龄在75岁以上的人。[2]老龄化问题越来越成为巴黎的一个难题，如何更好地保障老年人的生活质量成为巴黎面对的一个课题。

巴黎在人口老龄化方面面临着多重挑战：一方面，需要满足老龄人口的需求，确保每个老年人在城市中找到自己的位置并发挥潜力；另一方面，需要防止老龄人口衍生的脆弱性，包括不安全感、自主能力的丧失以及过多依赖导致的脆弱性。巴黎市政府尝试基于共同的价值观为所有老年人服务、关注老年弱势群体，让每个老年人都能充分参与城市生活。

鉴于此，2012年巴黎市政府提出《巴黎老年人计划（2012—2016）》。这项政策的实施为巴黎老年人生活带来重大改变，包括加强对服务于老年人及其照料者的设施的建设投入。这项政策在帮助无家可归者、独居老人以及患有精神病的人方面作出很大贡献，也在协调各方为老年人建构专业的服务网络方面做出重大努力。

巴黎老年人计划的落实需要各方采取协调一致的方针。2016年巴黎市政府对《巴黎老年人计划（2012—2016）》成效进行评估，并研究下一阶段老年人计划的具体策略。巴黎市政府建立了"银色智囊团"，这个智囊团由44位研究员、

---

[1] 陶希东等：《国际城市发展报告（2020）》，社会科学文献出版社，2020，第202页。

[2] Https://cdn.paris.fr/paris/2019/07/24/23d354caedb756e598e4283ae85191ba.pdf, accessed October 9, 2020.

专家和协会经理组成，专注于老龄人口的健康、社区参与、住房、旅行与创新等工作。此外，巴黎市政府组织了老年公民咨询。考虑到地区多样性，政府邀请了2800名巴黎老年人参加公民大会，其中180名60—93岁的人参加了会议，讨论内容包括老年人对生活方式的期望和需求。这些会议最终形成一份题为《建设对老年人更加友好的巴黎：巴黎老年人高级计划》的报告。这也构成巴黎市加入世界卫生组织"老龄化城市"网络计划的一部分，进一步丰富了巴黎老年人新计划的内容。

为适应新形势，巴黎通过《巴黎老年人计划（2017—2021）》以重申其对老年人的承诺，希望确保巴黎老龄人口在城市中占有一席之地，根据具体情况的变化调整并制定政策以应对人口老龄化带来的挑战。巴黎在解决丧失自主权和高度依赖的老龄人口方面做出了特别的努力，并承诺通过在世界卫生组织协调下的"老年时代城市"全球网络继续朝着这一方向努力，不断与各成员国探讨城市应对人口老龄化的最佳做法。

《巴黎老年人计划（2017—2021）》由三个指导轴组成，包括15项城市行动，以期在2017—2021年为老年人提供更好的服务。其举措有助于改变社会对老龄人口的看法，具体措施包括鼓励退休老人参与城市生活，加强代际联系，鼓励打造适合老龄人口的住房，建设无障碍出行城市，鼓励老龄人口适应时代的发展以及加强对相关技术的掌握。[①]

目前，老龄化趋势是世界上很多国家都在面对的一个问题。巴黎对老年人生活的重视是巴黎政府对人力资本的一种配置与利用，有利于巴黎塑造适应人口老龄化趋势的大都市，也对巴黎关系性影响力的提升产生了积极影响。

三、塑造性影响力建构：以巴黎成功举办2024年夏季奥运会为例

2017年8月1日，国际奥委会宣布巴黎成为2024年夏季奥运会和残奥会主办城市，这是继1924年巴黎奥运会后，时隔100年巴黎再次举办奥运会。巴黎成为继伦敦之后，又一个举办过三次奥运会的城市。这既是法国体育爱好者的福音，也为希望通过奥运会重申世界大都市地位的巴黎带来机会。

---

① Mise à jour le, "Le schéma parisien en direction des seniors 2017-2021," https://www.paris.fr/pages/le-nouveau-schema-parisien-en-direction-des-seniors-2017-2021-4857, accessed October 9, 2020.

巴黎市政府致力于组织一场全民参与的可持续的运动会。2019年6月25日，巴黎市政府公布了20项奥运会转型措施，进一步塑造其更可持续、更公平、更美丽、更运动、更文明的城市形象。2024年巴黎奥运会与"大巴黎大都市发展"项目紧密相关。在奥运会财政预算方面，根据文件，届时奥运会可以从大量设施中获利。但多年来主办城市一直低估了举办奥运会的相关费用，许多举办城市出现财政赤字。这些赤字出现的原因是结构性的，主办城市从国际奥委会获得的拨款显然不足以支付奥运会所需的大量投资。即使在基础设施较为完备的城市，要使其在公众接待、电视广播和安全性等方面达到奥运会标准，通常也需要额外的投资。

巴黎制定了独特的可持续发展战略，与世界自然基金会、尤努斯中心和法国联合国儿童基金会支持的可持续发展目标完全一致。巴黎奥运会采取突破性的减排战略，力争比2012年伦敦奥运会的碳足迹减少55%（伦敦奥运会被广泛视为可持续奥运会的参考）。

2024年巴黎奥运会的上述承诺在《巴黎2024年清洁交通政策》中得以体现，其中包括：100%的观众分别乘坐公共交通工具、骑自行车或步行前往比赛场地；奥运会门票持有人可免费使用巴黎交通系统；奥运会期间使用零排放公交车；法国的高性能铁路网络将85%的法国大城市与巴黎连接起来（路程不超过4个小时），同时将巴黎与欧洲主要首都连接起来；巴黎奥运村主打绿色、环保与可持续理念。奥运村主要采用木材和低碳水泥建造，确保每平方米的碳排放量低于传统建筑。

为了减少碳排放，巴黎宣布限制私家车数量，鼓励游客优先选择公共交通。

奥运会给主办国家和城市提供了良好的发展机会，给城市未来的投资带来强有力的催化剂。如果奥运会举办事宜从一开始就得到正确的管理并纳入规划，奥运会可以给主办城市的基础设施、环境、经济、体育和社会带来持久的效益，包括建设新的基础设施、公共设施和绿色空间，促进体育发展、社会进步（就业、技能、教育和卫生方面）、旅游和商业发展等，收获无形的知识和情感效益（增强社区凝聚力、国家认同感与自豪感）。

2024年巴黎奥运会的可持续发展原则符合巴黎的长期规划利益。2024年巴黎奥运会的举办，进一步增加了国际社会和世界人民对巴黎的了解，对巴黎的国际形象产生正面影响，同时有利于巴黎的全球塑造性影响力的发展。

巴黎一直以来在全球城市体系排名中名列前茅，然而，巴黎这座城市在不同领域维度方面的发展是不均衡的。在信息交流和文化体验方面，巴黎一直以来处于遥遥领先的位置。而创新能力以及人力资本储备方面则是巴黎的弱项，政府也在相关领域采取了针对性措施，已经初见成效。在政治参与和全球治理方面，2015年之前，巴黎很难说是一个政治性城市，其更注重文化体验以及经济交往。近年来，巴黎更加注重发挥国际影响力和塑造力的作用，巴黎的政治性维度得分有明显提升。

纵观巴黎发展城市的政策措施，可以总结出一些特点。在关系性影响力维度，巴黎注重产业发展的可持续性。巴黎不断提升创新能力和人力资本建设的目的是发展科创产业和新兴技术产业，因为只有不断进行产业结构升级和调整才能支撑巴黎这座城市的可持续发展。在塑造性影响维度，巴黎最大限度利用城市资源优势，进一步增强该领域的领先幅度。巴黎是座具有丰富文化资源和历史底蕴的城市，其对时尚产业的支持促使巴黎走向全球时尚引领者和风向标的高位。巴黎坚定的"自由捍卫者"形象也进一步深化了世界对巴黎的固有认知。在结构性影响力维度方面，巴黎有意识地追求"多中心发展"模式。尽管最初巴黎在政治性话语权方面相对缺乏，但通过欧盟平台以及全球维度的气候治理优势不断提升政治性影响力和话语权，为巴黎成为全球政治性城市奠定了基础。

第五章　东京城市国际交往与全球影响力建构

作为世界第三大经济体，日本在全球有着重要影响力。作为日本的政治、经济、文化和交通中心，东京在各类全球城市影响力排名中比较稳定，始终保持着十分靠前的位置，展现出较强的经济实力和政治、文化影响力。

第一节　东京的发展历程

东京位于日本关东平原南端，辖区由区部、市部、岛部和郡部共同构成。区部有23个特别区，是东京最为核心的地域。市部有26个市。岛部和郡部合计为5个市街和8个村，总面积2100多平方千米，人口近1400万。

东京古称江户，自1457年建立城市以来其发展历程大致可以分为明治维新以前、明治维新至第二次世界大战时期以及第二次世界大战结束至今等三个阶段。

明治维新（1868年）以前是东京城市诞生与建设的起步阶段。1192年，日本封建主江户建造城堡，并以自己的名字命名，这就是江户名称的由来。1457年，武将太田道灌大兴土木，筑成江户城，这是日本官方有文字记载的东京正式诞生的年代。1603年，德川家康在江户建立幕府，对日本进行实际统治。此后200多年间，江户始终是德川幕府的所在地。1868年，德川幕府被推翻，日本开始明治维新。也正是这一年，明治天皇从京都迁到江户，并把江户改名为东京。至此，东京正式成为日本的政治中心。

明治维新至第二次世界大战时期是东京城市发展的第二个阶段。明治维新后，政治中心地位的确立使得东京一时间聚集了许多政治要员，但这并未直接给东京带来强劲的发展动力。直到20世纪初，东京仍是一个以手工业生产为主的城市，人口不足300万。随着日本铁路网于1894年建设完成，大批人口开始涌入东京。人口的大量迁入为日后东京经济的腾飞打下了良好基础。然而，1923年的日本关东大地震对东京的发展造成了巨大打击。直到1926年进入昭和时代，东京才逐渐从关东大地震造成的巨大损失中恢复过来，许多产业得以重建。这一时期东京的铁路布局进一步完善，郊区与城区的联系更加紧密，东京涌入大批劳动人口，他们成了东京振兴经济的关键。进入20世纪30年代，日本逐步走上法西斯主义道路，不断发动对外侵略战争。战争给东京的城市发展几乎带来灭顶之灾。第二次世界大战期间，东京经常成为盟军的轰炸对象，东京发展陷入停滞。

第二次世界大战后（1945年至今），随着日本全国上下谋求复兴的大潮流，东京也在积极探索自身发展的道路。1958—1998年，东京先后5次发布《首都圈建设规划》法案。"首都圈"战略的实施使东京得以扩展发展空间，引入更多的产业并形成完整的产业链条，同时给东京带来了大量人口，为东京众多产业的发展提供了丰富劳动力。战后不久，东京就实现了经济上的腾飞。这期间，东京承办了1964年夏季奥运会，此次奥运会成为东京迈向国际舞台的重要一步。

1989年，明仁天皇即位，日本进入平成时代。平成初年，也就是20世纪90年代，日本经济泡沫破裂，作为日本经济中心的东京遭受严重冲击，房价暴跌，各种产业发展一度陷入绝境。为此，东京开始了一场大规模的产业改造，高附加值产业开始占据主流，其他产业开始向周边非核心地带迁移，通过一系列的改革，东京保持了其全球城市的地位。

第二节　东京城市国际交往的多维表现

一、经济领域

（一）多圈层、多核心的经济发展模式

东京的城市规划体系体现了城市中心地区与周边地区层次分明的经济功能分工。以东京城市中心为圆心，向外辐射形成三个圈层。

第一个圈层是东京城市中心地区，这是东京的金融中心。这里主要分布着众多的世界五百强企业以及金融保险公司，是世界上资金流动最快的地区之一，为东京城市发展提供了坚实的资金后盾。

第二个圈层是以多摩地区为代表的东京区部，这里土地广阔且有大量高校

集聚，是东京高科技产业与传统工业的集聚地。这里的众多产业是东京在尖端制造业上保持国际竞争力的重要保障，也是推动东京区域经济发展现代化的核心动力。

第三个圈层是环绕着东京区部的千叶县、神奈川县和琦玉县。它们分别承担着不同的经济任务，千叶县和神奈川县主要发挥着国际港湾、加强东京国际商务交流能力的作用。神奈川县的横滨则是享誉世界的经济名港。琦玉县是东京著名的商务休闲之地。

这种多圈层、多核心的经济发展模式加强了城市与城郊之间以及城郊各主要区域之间的经济合作，形成了一种相互补充与协调的发展局面，使东京成了一个众多产业的集聚之地。这大大提升了东京的经济实力，而雄厚的经济实力是东京成为全球城市的坚实根基。

（二）优质的营商环境与跨国企业的集聚

作为世界上具有重要影响力的国际化大都市，打造优质的国际营商环境一直是东京发展战略的重要一环。在2015年出台的《东京都综合战略》中，都政府提出要将东京"打造成为世界上营商便利化程度最高的城市"。[1] 为此，东京都政府采取了一系列措施。

国家战略特区是日本政府选定的旨在特定领域进行体制改革以振兴日本经济的特别区域。东京都市圈是首次入选的六个国家战略特区之一。在东京都市圈设立国家战略特区的目标就是优化营商环境，吸引全球投资，将东京打造成为国内外企业交流的据点，进一步保持东京国际经济中心的地位。在政策的扶持下，东京都政府通过改革，打破与城市发展不相适应的"坚如磐石"的管制体系，努力成为吸引全球企业投资的国际商贸中心。比如，建立"东京开业一站式办理中心"，通过简化外企设立手续，节约外企入驻的成本。此外，该机构还通过为外企提供外文翻译、政策咨询等多种服务，为外企在东京顺利开展商业活动提供支持。

保持国际金融中心地位、为企业提供优质的金融服务是东京打造优质营商

---

[1] 《东京都综合战略》（東京都総合戦略），第88页，东京都政府网，https://www.seisakukikaku.metro.tokyo.lg.jp/-basic-plan/tokyo-senryaku/pdf/honbunzentai.pdf，访问日期：2024年8月30日。

环境的一项重要内容。第二次世界大战后,得益于日本经济的快速崛起以及20世纪70年代的金融自由化改革政策,东京迅速成长为重要的国际金融中心。20世纪80年代,东京一度与伦敦、纽约并列为世界三大金融中心。但随着20世纪90年代日本经济泡沫的破裂,东京的金融业受到严重冲击,其国际金融中心的地位也出现衰落迹象。在这样的背景下,1996年日本政府推出被称为"金融大爆炸"的全面改革计划,该计划的实施对日本金融业的振兴有重要意义,东京国际金融中心地位的衰落趋势在一定程度上得到了遏制。

2017年,东京出台《"国际金融都市·东京"构想》,为东京国际金融中心建设指明了发展方向。发达的金融产业、完备的金融服务吸引了众多国内外企业入驻东京。

《东京都综合战略》提出要加大城市基础设施建设,为外企员工及其家人提供良好的生活环境,例如开设国际学校,在商场、餐厅、医院等公共场所提供多语种服务等。

良好的国际营商环境吸引了众多跨国企业的入驻。根据日本森纪念财团旗下的都市战略研究所在2019年发布的全球城市实力指数报告,东京的世界五百强企业聚集数量高居世界第二位。跨国企业的大规模集聚使东京对全球经济产生了重要影响力。

(三) 国际创新型城市建设与高新产业发展

东京是世界著名创新型城市。在2019年2thinknow发布的"全球创新城市排行榜"中,东京的创新指数仅次于纽约,位居全球第二。[1] 近10年来,东京的专利合作条约国际申请数量稳居世界第一位,在科技创新产出能力上具有显著优势。东京创新型城市的建设经验受到学界普遍关注。有研究认为,东京创新型城市建设离不开四个基本要素,即创新资源、创新主体、创新文化和创新制度。[2]

首先,从创新资源来讲,东京具备丰富的人力资源,也即科技创新的人

---

[1] 转引自眭纪刚:《全球科技创新中心建设经验对我国的启示》,《人民论坛·学术前沿》2020年第6期,第16—22页。

[2] 李靖华、李宗乘、朱岩梅:《世界创新型城市建设模式比较:三个案例及其对上海的启示》,《中国科技论坛》2013年第2期,第139—146页。

才。东京集中了全日本近四分之一的高等院校、短期大学，其中不乏东京大学、东京工业大学、早稻田大学等一批具有世界声誉的高等院校。高等院校的聚集为东京培养了一大批具有创新意识和创新能力的人才。其次，东京建设创新型城市的主体既有佳能、尼康、丰田等具有世界影响力的高科技企业，更有一大批中小企业。根据2014年的一项统计数据，东京企业总数为451973家，其中中小企业就有447030家，占企业总数的比例将近99%。[1]这些中小企业主要是具有较高附加值的城市制造业。鼓励支持城市中小企业发展是东京创新型城市建设的重要特征。再次，作为国际化大都市，东京具有开放自由、鼓励创新的城市氛围。最后，制度创新是东京由传统工业城市转变为现代化创新型城市的重要原因。1986年，日本内阁会议通过《日本科学技术政策大纲》，提出了"科技立国"的战略口号。20世纪90年代以来，日本政府先后发布三期《科学技术基础计划》。政府政策的扶持为政、产、学、研协同创新提供了重要保障。

当今世界，新产业革命方兴未艾。面对激烈的国际竞争，鼓励科技创新、培育高新产业发展始终是东京城市发展战略的重要内容。2019年东京都政府主持制定了《"未来的东京"战略构想》这一中长期战略规划，提出要大力发展人工智能、物联网、大数据、机器人等高科技产业，使东京成为"引领世界发展"的国际经济都市。[2]

二、政治领域

（一）主场外交

东京作为国家政治中心，是日本皇室、中央政府、各政党总部以及各国驻日使馆所在地。日本皇居位于千代田区，是日本天皇及其亲眷的住所，同时是天皇接待来访外国政要的场所。虽然在战后日本宪法中，天皇仅作为国家象征而存在，天皇接待外国政要也仅是基于其国家象征地位的"国际亲善之举"，但这种行为本质还是为日本官方外交服务的。与世界上其他仍然保留君主的国家

---

[1] 东京都产业劳动局网站，https://www.sangyo-rodo.metro.tokyo.lg.jp/toukei/sangyo/，访问日期：2024年8月30日。

[2] 《"未来的东京"战略构想》(「未来の東京」戦略ビジョン)，第56页，东京都政府网，https://www.seisakukikaku.metro.-tokyo.lg.jp/basic-plan/author53762/pdf/vision.pdf，访问日期：2024年8月30日。

一样，日本政府经常借助举办皇室庆典活动的机会，邀请各国政要参加，积极开展多边或双边外交活动。2019年10月22日，日本举行新天皇即位典礼，日本政府邀请了190多个国家及国际组织的政要和外交官员参加典礼。日本首相安倍晋三积极开展"即位外交"，同大约50个国家的政要举行单独会谈。[①] 举办天皇即位典礼并在此期间开展"即位外交"，既是日本"传统文化"向全世界的一次重要展示，也是日本积极推进其外交战略的重要举措。

国会议事堂、最高裁判所和首相官邸等中央一级立法、司法和行政机构同样聚集在千代田区，其中首相官邸是日本首相办公及接待外宾的场所。

20世纪80年代以来，伴随着国内经济的发展，日本积极谋求"政治大国"地位。在这样的背景下，作为日本的政治中心，东京承担了越来越多的主场外交职能，这在一定程度上有助于提高东京在全球的政治影响力。

(二) 城市外交

战后，东京依托其国家政治中心的地位，积极开展城市外交。东京城市外交主要从双边城市外交、多边城市外交两方面展开。

东京双边城市外交的一项重要内容就是友好城市关系的缔结。自1960年与美国纽约缔结第一对友好城市关系以来，到2023年东京共与世界上六大洲12个主要城市建立了友好城市关系（见表5.1）。以友好城市关系的缔结为契机，东京不断加强与这些城市在经济、社会、文化等领域的合作。此外，根据东京城市相关发展战略，今后双边城市外交的范围也将不再局限于友好城市，而是与更多城市开展战略合作。

表5.1 东京友好城市一览表

城市名称	所在国家	缔结时间
纽约	美国	1960年2月29日
北京	中国	1979年3月14日
巴黎	法国	1982年7月14日
新南威尔士州	澳大利亚	1984年5月9日

[①] 《日本天皇即位礼，安倍将开启"马拉松式会谈"：4天见50位政要》，2015年10月12日，海外网，http://news.haiwainet.cn/n/2019/1012/c3541093-31644131.html，访问日期：2024年8月30日。

续表

城市名称	所在国家	缔结时间
首尔	韩国	1988 年 9 月 3 日
雅加达	印度尼西亚	1989 年 10 月 23 日
圣保罗	巴西	1990 年 6 月 13 日
开罗	埃及	1990 年 10 月 23 日
莫斯科	俄罗斯	1991 年 7 月 16 日
柏林	德国	1994 年 5 月 14 日
罗马	意大利	1996 年 7 月 5 日
伦敦	英国	2015 年 10 月 14 日

资料来源：东京都政府网，https://www.seisakukikaku.metro.tokyo.lg.jp/diplomacy/city-to-city-diplomacy，访问日期：2024 年 8 月 31 日。

所谓多边城市外交是相对于双边城市外交而言，顾名思义是指不同国家的诸多城市为了能在共同关心的问题领域开展磋商与合作而进行的城市外交活动。东京多边城市外交的一项重要成果是倡导建立 21 世纪亚洲主要都市网。21 世纪亚洲主要都市网是 2000 年由东京都知事石原慎太郎和其他两个亚洲国家主要城市的行政首脑发起的，成立目的是通过亚洲地区主要城市之间的合作，提高亚洲地区在国际社会中的地位，共同应对环境治理、产业振兴等共同问题，并最终促进亚洲地区的繁荣与发展。但目前该机制面临着各城市治理者缺席年会、合作成果匮乏等问题，暂时处于活动休止的状态。

除了以上两个方面，加强同驻日外国使馆、地区办事处的合作交流也是东京开展城市外交的重要形式。目前共有 150 余所外国驻日使馆、地区办事处集聚东京。这些驻日使馆、地区办事处实际上是东京了解国际形势、扩大国际交往、加强对外宣传的一个良好窗口。东京都政府经常通过举办多种形式的活动加强同驻日使馆的合作与交流，其中一项重要的活动形式便是由东京都知事出面邀请驻日使馆馆长参加所谓的"情报联络会"。都政府希望通过这种形式达到宣传政府政策、介绍日本文化、增强政府官员同驻日使馆外交人员友谊的目的。

（三）国际组织的集聚与国际会议的举办

在全球化发展过程中，国际组织发挥着重要作用。对于城市而言，国际组织的入驻有助于提高城市的国际开放程度，扩大城市的全球影响力。因此，吸引国际组织入驻已经成为世界各主要城市竞争的焦点之一。目前聚集国际组织数量较多的城市有布鲁塞尔、巴黎、纽约和伦敦等，这些城市无一不具备较大的全球知名度和影响力。

日本外务省相关统计数据显示，落户日本的国际组织共有 39 个，其中有 26 个选址于东京，其中就包括联合国大学、国际货币基金组织亚太地区办事处等具有一定影响力的国际组织。[①] 而作为国家政治中心，东京也是众多国际会议的举办地。七国集团峰会、中日韩三国领导人会议、东京非洲发展国际会议就多次在东京召开。

三、文化领域

（一）世界旅游城市建设

东京是国际著名旅游城市。在美国高端旅游杂志《康得纳斯特旅行家》发布的"全球最具魅力城市"排行榜中，东京连续多年排名榜首。东京旅游资源丰富，既有浅草寺、上野公园、东京塔等众多以历史文化遗址和名胜建筑为代表的传统旅游景点，又有以东京都博物馆和东京都美术馆为代表的现代文化设施。此外，东京愉快的城市氛围、健康的饮食文化、独特的流行时尚、深厚的历史底蕴也成为东京旅游资源中的重要组成部分。

根据东京都产业劳动局发布的统计数据，2019 年访日外国游客数量为 3188 万人次，而访问东京的外国游客数量就达到 1518 万人次，约占访日外国游客总数的 47%。[②] 可见，东京旅游业在整个日本旅游业中占有十分重要的地位。

值得一提的是，大力发展会奖旅游是东京旅游城市建设的重要内容。所谓会奖旅游是集会议、奖励旅游、大型会议、活动展览为一体的高端旅游产业，是一个国家和城市推介自身文化的最好名片。东京是亚洲较早发展会奖旅游的城市之一。东京拥有大量的国际会展设施，最著名的有东京国际会议中心、东

[①] 关照宇：《国际组织何以"钟情"落户日本？》，2017 年 6 月，http://dunjiaodu.com/daguo/2017-06-12/1302.html，访问日期：2024 年 8 月 31 日。

[②] Https://www.metro.tokyo.lg.jp/kyoiku/kanko/kanko/index.htm，访问日期：2024 年 8 月 31 日。

京国际展览中心、东京时尚城建筑、东京巨蛋体育馆、日本武道馆、东京中城会议中心、都市中心饭店和相扑馆等。[1] 近年来，东京出台了一系列专门的战略规划以吸引国际会展入驻，推动会奖旅游业不断发展。例如，2015 年出台的《东京都会展旅游吸引战略》，对东京的会展旅游经济进行了全面评估，指明了东京会奖旅游的未来发展方向。可以说，大力发展会奖旅游是东京世界旅游城市建设的一大亮点。

（二）文化都市建设

文化都市建设一直是东京城市发展战略的重要内容。2016 年，东京都政府出台《建设"市民为中心"的新东京——面向 2020 年的行动计划》这一短期发展规划，提出要实现"东京'艺术文化'振兴"。2019 年，东京都政府发布《"未来的东京"战略构想》这一中长期战略规划，再次提到建设文化都市的内容，指出传统文化与现代文化的深度交融是现阶段东京城市发展的一大战略优势。

在相关发展战略指导下，2015 年东京制定了一份专门关于文化都市建设的战略规划《东京文化展望》，以保证文化都市建设有效推进。在这份报告中，东京提出了建设文化都市的八大战略：(1) 追求文化的多样性与独特性，做到传统文化与现代文化共存共融；(2) 增强东京不同区域的文化魅力，提高东京作为文化都市的影响力；(3) 构筑让每个市民都能享受文化的社会基础；(4) 发掘以新生代力量为主的国内外文化人才，为其提供商业机会；(5) 以城市外交为基轴，促进国际文化交流，提高东京文化的国际竞争力；(6) 借助文化艺术的力量，为解决社会和城市问题贡献力量；(7) 推动文化艺术与高端技术的融合，推动文化产业发展与变革；(8) 借助文化的力量，激发东京城市竞争力，打造史上最优秀的文化奥运会。[2]

文化产业的发展是文化都市建设的重要内容。得益于政府政策的支持以及交通便利、人才众多、产业集聚、信息快捷等固有的区位优势，以电影、漫画、游戏、音乐、出版、时尚为代表的东京文化产业十分发达。2015 年东京都

---

[1] 张凌云、齐飞：《北京与东京城市国际旅游发展水平比较研究》，载黄先开、张凌云主编《2012 年首都旅游产业研究报告》，旅游教育出版社，2012，第 49 页。

[2] 《东京文化展望》(東京文化ビジョン)，2015 年，第 8 页，东京都政府网，https://www.seikatubunka.metro.tokyo.lg.jp/~bunka/bunka_seisaku/houshin_torikumi/0000000210.html，访问日期：2024 年 8 月 31 日。

产业劳动局发布的一份关于文化创意产业发展状况的报告显示，东京集聚有全国14%的文化产业企业、24.5%的文化产业从业者。其中，舞台艺术、音乐、电影、广告、游戏、设计等产业集聚程度更高，这些领域的从业者有50%都集聚东京。[1]文化产业的高度发达使得东京在全世界拥有较强的文化影响力。

（三）举办大型国际赛事

举办大型国际赛事对于一个城市的发展具有重要推动作用。这种推动作用是全方位的，表现在政治、经济、文化等各个维度。1964年，第18届奥运会在东京成功举办，向全世界展示了战后日本复兴的新形象以及经济腾飞的新成果。东京也以举办这次奥运会为契机，对城市环境进行了大规模治理，向全世界展现了良好的城市形象，极大地提升了国际影响力。2013年，东京成功申办第32届夏季奥运会。此后，东京出台的所有城市发展战略几乎都把成功举办此次夏季奥运会作为重要目标。然而，2020年新冠疫情在全球范围内暴发使得东京奥运会被迫延期大约一年的时间。虽然2021年东京奥运会按照原定计划如期举办，但由于疫情的影响，此次奥运会并未达到预期效果。

四、社会领域

（一）安全城市建设

由于特殊的地理位置，日本的地震、海啸、火山喷发等自然灾害频发，东京也时常受到自然灾害的袭扰。即便如此，东京仍然被认为是世界上最安全的城市之一。在2019年经济学人智库公布的世界主要城市安全排名中，东京排在首位。东京成为世界上最安全的城市，很大程度上是因为十分重视安全城市的建设。2016年出台的《建设"市民为中心"的新东京——面向2020年的行动计划》这一城市发展报告，将安全城市建设列为东京城市发展的三大目标之一，提出要将东京打造成"更安全、更安心、更有活力"的城市。为此，东京都政府出台了一系列政策，为东京的安全城市建设指明了方向。这些政策包括四个方面。第一，加强城市建设，应对地震、暴雨等自然灾害。具体措施包括推动城乡道路无电线杆化、城市应急道路沿线建筑物耐震化、木造住宅密集区域不

---

[1]《关于文化创意产业现状与课题的调查报告书》（クリエイティブ産業の実態と課題に関する調査），第6页，2015年，东京都政府网，https://www.sang-yorodo.metro.tokyo.lg.jp/toukei/pdf/monthly/creative2014.pdf，访问日期：2024年8月31日。

可燃化等。第二，普及安全教育，提高市民防灾减灾能力。第三，健全相应体制机制，利用先进技术，提高城市应对恐怖主义袭击、网络攻击等非传统安全威胁的能力。第四，整合医疗资源，确保市民享受优质医疗服务。① 应当说，安全舒适的城市环境是东京保持世界城市地位、扩大世界影响力的重要前提。

（二）城市交通建设

1. 完备的市域交通系统

虽然东京都市圈是世界上人口规模最大的都市圈之一，但主城区内拥堵现象并不严重。这主要得益于东京都市圈拥有一整套完备的市域交通系统，主要包括地铁、路面公交和城郊铁路等三种交通方式。这三种交通方式各有侧重、功能互补。其中，地铁是首都圈核心区的主要交通方式，路面公交是沟通首都圈内各中心城的首选方式，城郊铁路则是沟通首都圈核心区与外围近郊区和远郊区最快捷的交通运输方式。②

2. 首都圈国际机场一体化

首都圈现有两大国际机场，即羽田国际机场和成田国际机场。两大国际机场分别为日本国内第一大、第二大国际机场。两个机场的建设对于扩大首都圈对内对外交流、提高日本及东京的国际影响力发挥了巨大作用。2010年6月，日本内阁会议在《新成长战略》中明确了"东京国际机场一体化运营方案"将作为提升首都圈国际竞争力的重要战略，通过加强两个国际机场之间的联系，不断推动机场附近区域成为国际物流枢纽与全球活动中心。③

（三）应对高龄化、少子化的挑战

根据2019年日本内阁发布的《令和元年版老龄社会白皮书》，日本总人口为12644万，其中65岁以上人口为3558万，约占总人口的28.1%。④ 同年发布的《令和元年版少子化社会对策白皮书》指出，20世纪70年代以来，日本人口

---

① 《建设"市民为中心"的新东京——面向2020年的行动计划》（都民ファーストでつくる「新しい東京」～2020年に向けた実行プラン～），第20—25页，2016年，东京都政府网，https://www.seisakukikaku.metro.tokyo.lg.jp/basic-plan/actionplan-for-2020/plan/pdf/honbun_zentai.pdf，访问日期：2024年8月31日。

② 春燕：《机遇与谋划——东京名城崛起》，上海科学院出版社，2015，第88页。

③ 春燕：《机遇与谋划——东京名城崛起》，第106页。

④ 《令和元年版老龄社会白皮书》（令和元年版高齢社会白書），2019年，第2页，东京都政府网，https://www8.cao.go.jp/kourei/-whitepaper/w-2019/html/zenbun/index.html，访问日期：2024年8月31日。

出生数量和出生率逐年降低，2016—2017年日本出生人口连续两年跌破100万大关。[1]这显示日本社会面临严重的老龄化和少子化问题，给日本社会的可持续发展带来了诸多消极影响。面对老龄化与少子化难题，东京作为日本发展的火车头，出台了一系列政策措施来应对这一挑战，主要包括：第一，推动社区护理体系建设，完善社区公共设施，满足老年人生活需求；第二，通过加强育儿人才培养、增开育儿机构，向社会提供更多育儿服务，消除"待机儿童"[2]现象，满足民众育儿需求；第三，充分利用城市土地和民间资本，加快保育所、疗养机构等福利机构的建设；第四，通过稳定年轻人就业、推动有意愿继续工作的老年人的再就业、改革工作制度（例如推广三休日制度与男性员工陪产休假制度）等措施，推动全社会不分年龄性别都能够安心工作，实现家庭与工作的平衡；第五，通过出台措施，创造有利于女性工作与生活的职场环境与社会环境，使女性能够充分发挥自身能力，在创造社会活力方面发挥积极作用。[3]

当前国际社会，许多国家都面临着老龄化、少子化问题的挑战。作为老龄化与少子化问题严重的世界城市，东京的政策措施受到国际社会的持续关注。

与伦敦等其他全球城市一样，东京城市国际交往也是经济领域、政治领域、文化领域和社会领域的多领域、多因素的动态发展过程。如图所示，政治、经济、文化和社会四个领域分别有不同的要素发挥作用，各个领域密不可分，各个要素紧密联系，共同作用于东京城市国际交往的过程（见图5.1）。

---

[1]《令和元年版少子化社会对策白皮书》(令和元年版少子化社会対策白書)，2019年，第2页，东京都政府网，https://www8.cao.go.jp/-shoushi/shoushika/whitepaper/measures/w-2019/r01webhonpen/index.html，访问日期：2024年8月31日。

[2] 待机儿童，特指需要进入保育所，但由于设施和人手不足等原因只能在家排队等待保育所空位的幼儿。

[3]《东京都综合战略》(東京都総合戦略)，第68—77页，东京都政府网，https://www.seisakukikaku.metro.tokyo.lg.jp/-basic-plan/tokyo-senryaku/pdf/honbunzentai.pdf，访问日期：2024年8月30日。

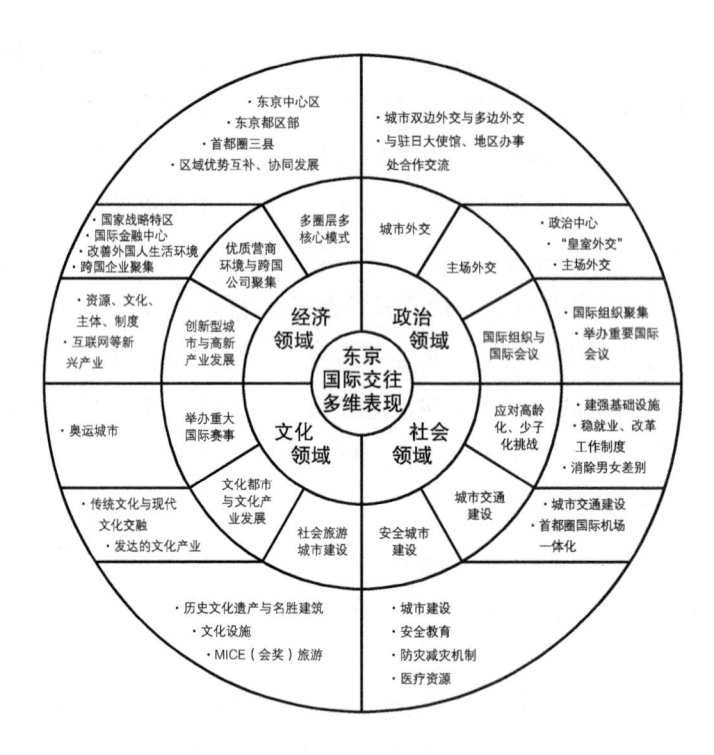

图 5.1　东京城市国际交往的多维表现

资料来源：作者自制。

第三节　东京的全球影响力建构

东京的全球影响力在全球化与世界城市研究网络、科尔尼管理咨询公司的全球城市指数报告和日本森纪念财团旗下的都市战略研究所发布的全球城市实力指数报告中的表现各有不同。

全球化与世界城市研究网络将世界定义为一个以城市为中心的世界，这一评价体系使用连锁网络模型，对生产性服务业跨国企业总部与分支机构在世界城市内的分布情况进行分析，建立城市与企业分布的衡量矩阵和度量，这种连接性度量用于将城市分类为世界城市网络中的不同级别：Alpha ++ 城市的发展程度明显高于所有其他城市，并构成了自己高度的跨国公司网络化水平；Alpha + 城市与 Alpha ++ 城市形成高度互补的城市网络；Alpha 城市和

Alpha-城市也是非常重要的世界城市。2000 年以来，在全球化与世界城市研究网络排名中，东京均被评为 Alpha+ 级别，说明东京始终保持了非常高的城市发展水平。

日本森纪念财团旗下的都市战略研究所自 2010 年起发布全球实力城市指数，通过衡量经济、创新、文化等 6 个主要领域的状况提供多维的城市排名。同时，全球实力城市指数还通过分析排名的特定组成部分来把握不同城市的优势、劣势和挑战。

与其他城市排名体系类似，在历年的全球实力城市指数排名中，东京的排名状况比较稳定且十分靠前。值得注意的是，在 2015 年之前的排名中，东京居于巴黎之后，始终保持第 4 名的位置。在 2015 年之后，东京超过巴黎跃居第 3 名。这其中的原因可能包括 2013 年东京申办奥运会成功。申奥成功后，东京加快了城市建设的步伐，东京城市竞争力不断提高。此外，相对于世界公认的安全城市东京，2015 年巴黎发生恐怖袭击事件，这给巴黎城市发展带来了消极影响。这些都可能是东京超越巴黎跃居第 3 位的原因。

科尔尼咨询管理公司的全球城市指数报告和森纪念财团旗下的都市战略研究所发布的全球实力城市指数报告都对全球城市影响力的各个方面做了评估。此前，我们将城市影响力分为结构性影响力、关系性影响力和塑造性影响力等三个维度。下文将分别分析东京三个维度影响力的变化。

一、结构性影响力变化

在结构性影响力方面，评价的主要依据是城市形成和决定全球各种政治经济结构的权力，具体表现为参与制定和维护国际规则与制度的能力。从这一角度来讲，一个城市的政治参与排名一定程度上反映了该城市的结构性影响力。

东京在政治参与方面的排名比较稳定且相对靠前，2014—2018 年的排名为第 7 或第 6，这显示出东京在全球具有相当的政治影响力。但是，东京在结构影响力方面与伦敦、纽约、巴黎等传统世界城市有一定差距。通过积极开展城市外交等方式不断扩大国际交往，增强自身政治影响力，是东京未来城市发展的重要方向。

二、关系性影响力变化

此前提到，对关系性影响力的评价主要聚焦于城市拥有的全球经济控制能力和影响范围，如跨国公司总部数量、金融中心的地位、生产和消费中心的体量、数字经济的发展程度和对高端劳动力的吸引程度等。

根据 2015—2019 年全球实力城市指数排名，2015—2016 年，东京在全球实力城市指数中的经济排名始终是第一。2017 年以后，东京在经济方面的排名降至第三、四名的位置。这一时期，纽约与伦敦在经济方面的排名分别居第一、二名的位置。值得一提的是，2017 年与 2019 年，北京在经济方面的排名实现了对东京的超越，居第三位。这显示，近年来东京在经济领域的排名受到传统全球城市与新兴全球城市的双重冲击。在交通方面，2017 年以来，东京的排名有一个较为明显的上升幅度，这可能与东京城市发展规划重视城市交通网的整备有关。在科研方面，东京排名较为稳定，始终居于第二、三名的位置，显示出东京强劲的科技创新实力。

三、塑造性影响力变化

在塑造性影响力方面，评价的主要内容与城市的形象传播和对外推广有关，如城市跨文化交流的表现、文化符号的传播能力、跨境人员往来程度、打造城市品牌形象的成果等。

根据 2015—2019 年全球实力城市指数排名，东京在文化交流方面的排名比较稳定且相对靠前，2015—2016 年均排名第 5，2017—2019 年均排名第 4，显示出东京在全球有着较强的文化影响力。在新冠疫情暴发之前，成功举办 2020 年奥运会，进一步向世界展示东京的城市魅力，曾是东京增强塑造性影响力的重要着力点。

第四节　案例分析

这一部分将全球城市影响力建构的过程分为结构性影响力建构、关系性影响力建构和塑造性影响力建构三个方面，并选取有代表性的案例进行分析。

一、结构性影响力建构：以《东京都城市外交基本战略》为例
（一）《东京都城市外交基本战略》的制定

《东京都城市外交基本战略》的制定有着极其深刻的国际和国内背景。从国际上来看，21 世纪被称为"城市的世纪"。21 世纪以来，世界各主要城市纷纷

扩大国际交往，以推动其在经济、政治、文化等领域的全球影响力建构。这些城市的发展对东京的全球城市地位带来了较大的冲击。为此，东京需要进一步推动城市外交，提升其在全球的影响力与存在感。从国内来看，当前日本正面临严重的老龄化与少子化问题。为了应对老龄化与少子化的挑战，东京作为日本发展的火车头，在吸引海外投资、延揽国际人才、开拓国际市场等方面肩负着重要责任。此外，2013年东京成功申办2020年夏季奥运会。加强同世界其他国家和城市的友好联系，推动2020年奥运会的成功举办成为东京城市外交的重要目标。

基于上述国际国内背景，制定专门的城市外交发展战略，明确东京城市外交的发展方向已显得十分必要。2014年，东京出台《东京都城市外交基本战略》（以下简称《战略》），该战略的实施年限为2014—2024年。这份文件明确规定了东京城市外交发展的两大维度和三大战略目的。两大维度分别为城市双边外交和城市多边外交。三大战略目的分别是成功举办2020年东京奥运会、推动世界各主要城市面临的共同问题的解决、推动世界城市目标的实现。

（二）推进《东京都城市外交基本战略》的两大维度

1960年以来，东京城市外交的开展主要是从双边城市外交与多边城市外交两个维度展开的。2014年制定的《东京都城市外交基本战略》并没有改变这两大维度，而是基于这两个维度提出了新的努力方向。

过去，东京双边城市外交最主要表现形式是与世界各主要城市缔结友好城市关系。《战略》制定于2014年，此时距离与纽约缔结友好城市关系已经过去54年，距离与罗马缔结友好城市关系也已18年。因此，该战略认为有必要重新构筑与这些友好城市的关系，具体措施包括举办缔结关系周年纪念活动、促进友好城市行政首长互访等。此外，还提出今后东京双边城市外交的开展对象不应局限于现有的友好城市，而应该与更多的城市建构战略合作关系，比如近几届奥运会东道主城市、亚洲各主要城市、伦敦纽约等传统世界城市以及新型发展中国家的主要城市。

关于多边城市外交，"21世纪亚洲主要都市网"是21世纪东京推进多城市间外交的重要成果。但由于近年来该机制存在各城市治理者缺席年会、合作成果匮乏等问题，目前处于活动休止的状态。面对这样的情况，该战略为多城市间外交提供了新发展的方向——积极参加国际会议。《战略》认为，积极参加致力于解决全球共同问题的国际会议，一方面有利于东京学习先进国家和城市的治理经验，提高城市治理水平，另一方面有利于东京在国际舞台上发出自己的声音，为问题的解决建言献策，从而提高自身影响力。此外，该战略还认为，东京作为东道主城市举办国际会议可以更好地提高自身的城市影响力。

（三）推进《东京都城市外交基本战略》的具体措施

上文提到，《战略》明确了推进东京城市外交发展的三大战略目的，分别为成功举办2020年东京奥运会、推动世界各主要城市面临的共同问题的解决、推动全球城市目标的实现。基于以上三大战略目的，《战略》明确了推进东京城市外交发展的具体措施。

关于推动2020年东京奥运会成功举办的措施，主要有三方面。一是以2016年里约奥运会为契机，积极展开行动。比如，在里约奥运会举办期间，东京都知事和各政府部门负责人到里约进行实地考察，观摩里约奥运会举办状况，为东京奥运会的举办积累经验。二是加强同友好城市及世界各主要城市在体育、文化等方面的交流。三是学习世界各国城市建设的先进经验，提升东京的城市接待水平。

推动世界各主要城市面临的共同问题的解决，主要有两方面措施。一是与世界主要城市就城市治理问题进行经验交流，互相学习城市治理经验。二是推动各城市在城市治理问题上进行实质性合作。例如：在城市应急管理方面，推动各城市共享应对自然灾害和恐怖袭击的经验，共同培育应急管理人才；在应对环境问题、气候变化问题方面，各城市共享先进政策与先进技术。

全球城市的建设涉及多个领域，主要有：一是积极学习世界各国、各主要城市的先进城市建设经验，整备城市环境，为外国人提供宜居的城市环境；二是同海内外媒体建立友好关系，广泛宣传东京的城市魅力，提高城市知名度与影响力，吸引外国游客；三是鼓励支持学生海外留学，重视学生英语教育，积极培育国际化人才；四是加强同外国驻日大使馆、地区代表处的联系，建立友好互信关系，将外国驻日大使馆、地区代表处作为东京宣传城市形象、扩大城市影响力的重要窗口；五是整备国际经商环境，将东京打造成为重要的国际经济都市。

《战略》的出台是东京提高全球政治参与程度、扩大全球政治影响力的重要举措，对东京提升全球城市结构性影响力具有重要意义。

二、关系性影响力建构：以《"国际金融都市·东京"构想》为例

（一）东京国际金融都市发展现状

关于东京国际金融都市发展现状，以全球金融中心指数为依据，近年来东京仅次于伦敦、纽约、香港和新加坡市排在第5位，一方面说明东京是世界上最具影响力的金融中心，另一方面说明尽管东京排名靠前，但仍面临其他国际金融中心城市的强力竞争，需要持续巩固提高其国际金融中心地位。

（二）《"国际金融都市·东京"构想》

战后随着日本经济的快速崛起以及20世纪70年代的金融自由化改革，东京一度发展成为与伦敦、纽约并列的世界三大国际金融中心之一。但20世纪90年代日本经济泡沫破裂，东京的国际金融中心地位受到严重冲击，并一度衰落。虽然在20世纪90年代末，日本推出"金融大爆炸"计划使得东京国际金融中心地位衰落的趋势得到遏制，但东京始终没能恢复20世纪80年代的荣光。在这一背景下，东京都政府于2016年11月成立由国内外企业家和专家组成的"国际金融城市/东京理想之路圆桌会议"（简称"圆桌会议"）。在此后大约一年的时间里，圆桌会议针对阻碍金融振兴和海外金融公司向日本扩张等问题进行了深入讨论，并最终于2017年11月出台一份关于东京国际金融中心地位振兴的发展计划，即《"国际金融都市·东京"构想》（以下简称《构想》）。

《构想》旨在通过建构"四个城市形象"，改善东京所处的不利境况和重新打造其国际金融都市的地位。[①] 第一，作为亚洲金融中心的国际金融城市，东京将成为为在日本境内拥有丰富金融资产的个人以及包括日本在内的亚洲国家发展提供资金的枢纽。第二，作为财务人员、资金、信息和技术集中地的国际金融城市，东京将成为聚集世界各地优秀财务人员、营运资金和信息，拥有先进金融科技的城市。第三，作为专注于资产管理和金融科技公司发展的国际金融

---

① 《"国际金融都市·东京"构想》（「国際金融都市·東京」構想），2017年，第5页，东京都政府网，https://www.senryaku.metro.-tokyo.lg.jp/gfct/images/20171110finalreport.pdf，访问日期：2024年8月31日。

城市，东京将依靠资产管理业和金融科技公司的发展振兴城市金融业。第四，作为为解决社会问题作出贡献的国际金融城市，东京将通过发展金融业解决部分社会问题。

（三）东京为建设国际金融都市所建立的体制

根据《构想》，东京国际金融都市的建设既要依靠都政府、金融服务局等国家政府机构，又要依靠金融企业、民间团体和著名高校。东京都政府不断深化相关合作机制，推动形成促进国际金融都市建设的合力。这种具体的合作机制如图 5.2。

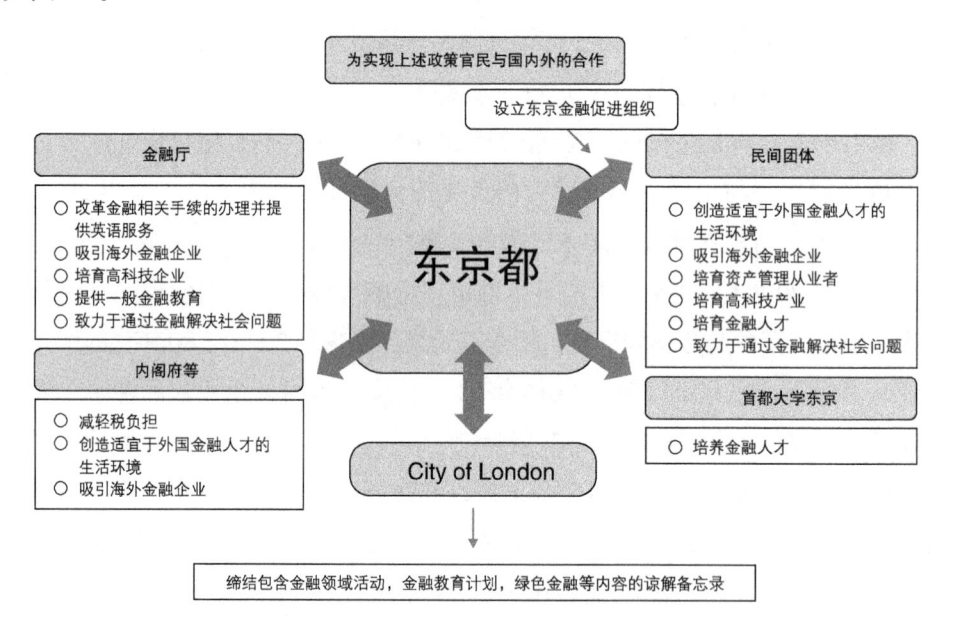

图 5.2　东京建立金融都市的合作机制

资料来源：《"国际金融都市·东京"构想》(「国際金融都市・東京」構想)，2017 年，第 5 页，东京都政府网，https://www.senryaku.metro.–tokyo.lg.jp/gfct/images/20171110finalreport.pdf，访问日期：2024 年 8 月 31 日。

三、塑造性影响力建构：以东京奥运会城市建设为例

（一）日本申办 2020 年夏季奥运会的动因

日本申办 2020 年夏季奥运会具有多方面动因。首先，日本申办 2020 年东京奥运会有其经济上的考虑。1958 年，日本申办 1964 年奥运会成功。申奥成功后，

日本政府为1964年东京奥运会投资近30亿美元。巨额投资推动了日本制造、服务、建筑、交通通信等多个行业的强劲发展和国民经济的持续繁荣。这段时期日本经济的繁荣状况被称为"奥运景气"。有了1964年奥运会推动经济发展的成功经历，日本申办2020年奥运会实际上是想通过筹办奥运会，刺激经济发展，改变1990年以来日本经济长期低迷的状况，期望出现第二次"奥运景气"。

日本申办奥运会也有其政治和文化上的考虑。1964年奥运会向世界展示了战后日本经济发展的成就，极大提高了东京的全球知名度和影响力，东京由此进入世界主要城市行列。日本政府同样希望借助2020年奥运会向全世界展示日本的文化魅力以及强大的科技实力，进一步提升东京乃至日本在全球政治和文化上的影响力。

（二）东京奥运城市建设

对于2020年夏季奥运会，无论是日本政府还是东京都政府都十分重视。2013年申奥成功后，东京将成功举办2020年奥运会作为城市发展的重要目标，将其纳入城市发展的战略规划中。在东京都政府2016年制订的《面向2020年的实行计划》中，提出一系列措施确保东京奥运会的成功举办。这些措施主要包括五个方面。第一，对奥运村和主体育场进行大规模整备，为运动员提供最好的比赛体验和居住体验。第二，整备城市环境，具体措施包括：针对残疾人运动员和游客，推动城市基础设施的无障碍化；在公共区域为外国游客增加多种语言服务；整备城市道路，为海内外游客提供快捷的出行体验；增加城市绿地，改善东京夏季高温气候等。第三，制定防灾减灾政策和防恐政策，确保城市安全。第四，推进体育文化事业，具体措施包括发掘培养优秀运动员、推广残疾人运动等。第五，招募奥运会志愿者，推进奥运会志愿活动。[①]

东京奥运城市建设不仅有助于东京奥运会的成功举办，而且对奥运会过后城市的长远发展具有重要意义。

（三）新冠疫情下的东京奥运会

2020年新冠疫情的大规模暴发使东京奥运会被迫推迟一年举办。当时，为

---

① 《建设"市民为中心"的新东京——面向2020年的行动计划》(都民ファーストでつくる「新しい東京」～2020年に向けた実行プラン～)，东京都政府网，https://www.seisakukikaku.metro.tokyo.lg.jp/basicplan-/actionplan-for-2020/plan/pdf/honbun_zentai.pdf，访问日期：2024年8月31日。

保证东京奥运会能够在2021年如期举办，日本政府和东京都政府做出了很多努力。一方面，日本政府和东京都政府多次通过东京奥组委向全世界释放信号，向日本民众传递信心。东京奥运会和残奥会组委会主席森喜朗多次对外发声，表示"无论发生怎样的情况，东京奥运会一定要举办"。另一方面，日本政府和东京都政府积极应对国内疫情，尽力做好疫情防控工作。此外，日本政府还特别成立了"东京奥运会新冠对策调整会议"，专门应对新冠疫情对奥运会举办造成的影响。

疫情期间，与美国等一些国家相比，东京的疫情防控措施相对稳健，疫情防控形势也相对较好。2021年夏季，东京奥运会如期举办。由于疫情的影响，此次奥运会并没有在政治、经济、文化等方面取得预期的效果。但也应当说，举办第32届夏季奥运会仍是东京谋求扩大国际影响力的一次重要努力。

战后，东京的城市国际交往和全球影响力建构主要发挥了几点优势。一是雄厚的经济基础。东京以强大的财力支持了城市软硬环境的发展和完善，为东京参与国际交往、塑造国际影响力奠定了物质基础。二是科学的城市发展规划。战后，东京制定了大量城市发展规划并在实施过程中不断进行修正与完善。在城市发展规划的指引下，东京的基础设施建设一定程度上克服了城市化所产生的负面问题，提供了东京作为全球城市的基础。三是紧贴日本的国家战略需求。作为国家的政治、经济、文化和交通中心，东京既服务于日本的国家发展大局，成为日本战后复兴的重要牵引力量，反过来又受益于日本的国家发展，伴随日本经济复兴一跃成为具有重要国际影响力的全球城市。然而，东京全球影响力的塑造仍面临着巨大的竞争压力。与纽约和伦敦有所不同，东京在提升全球影响力方面一定程度上受限于日本的国际地位。从地缘政治经济的角度来看，随着中国综合国力的不断发展，在东亚地区，顶级全球城市的标签在某种程度上只能属于未来的全球性大国。而日本作为一个"半独立"国家，在政治经济上均受制于美国的影响，其全球影响力正在被中国逐渐拉开差距。可以预见，在未来，东京在全球城市发展格局中将首先面临北京和上海的强力竞争。

结　语

通过对伦敦、纽约、巴黎和东京这四个城市案例的分析,我们发现这些全球顶级城市推动国际交往和建构全球影响力具有十个共同特点,这些特点包含了城市建构全球影响力的核心要素,要素之间相互联系和相辅相成,构成了一个完整的城市通过国际交往建构全球影响力的体系。

一、利用大国崛起机遇

伦敦、巴黎、纽约和东京等城市的全球影响力建构都和国家崛起进程息息相关,从本质上看,这些顶级全球城市在全球的影响力是其国家在国际体系中的超凡影响力的投射,城市崛起利用了国家崛起的机遇。18世纪开始,大英帝国取代了"海上马车夫"荷兰,崛起成为真正意义上的世界帝国,世界进入"英国世纪"。伦敦作为大英帝国的政治、经济、文化中心,也一举取代阿姆斯特丹成为世界上的金融和商业交易中心,在关系性影响力方面表现突出。同时,伦敦通过各个要素的积累和发展,加之在社会文化领域的塑造性影响力的提升,伦敦拥有了前所未有的结构性影响力,最终成为当时的世界"霸权"城市。从18世纪后期到19世纪中期,是英国霸权的黄金时期,而这段时间也是伦敦在全球城市体系中处于顶峰的阶段。与此类似,巴黎、纽约的崛起也都是国际关系中霸权转移的结果,而东京的崛起则是第二次世界大战后日本经济崛起的投射。大国的崛起为全球城市提供了发展的历史背景,也带来了建构全球影响力的历史机遇。

二、传承国际交往的历史积淀

伦敦、巴黎、纽约和东京这四个城市的地理区位、政治地位、规模以及历史都令它们在国际交往方面具有先天优势,在建构关系性影响力和塑造性影响力方面享有其他城市无法比拟的基础。特别是前三个城市,作为国际交往大都市和全球城市的城市精神很早就植入城市基因之中。这些历史积淀直接影响城市融入国际交往的视野和路径。在这些城市的发展过程中,吸引移民、包容多种族和多元的社会宗教文化特性都给城市的基因打下深深烙印。国际交往的历史积淀让这些城市具有成为全球城市"舍我其谁"的精神，成了建构全球影响力的内在动力。

三、持续完善营商环境，吸引和稳固投资

保持顶级全球城市的核心竞争力在于持续完善营商环境，稳定吸引外来投资，促进城市经济社会发展。例如，伦敦在吸引和稳固外来投资方面主要通过传统金融中心的地位吸引外资，同时发展高新技术产业，推行伦敦—伙伴计划进一步完善投资环境，并针对不同的国家和地区采取不同的投资方式。纽约除了依靠金融中心创造好的融资环境，还积极出台相关政策，为赴纽约投资企业营造优良的营商环境。东京在战略规划中制定目标要将东京"打造成为世界上营商便利化程度最高的城市"。对外资的吸引不仅为这些城市的发展带来了经济红利，也进一步提高了其在全球范围内的关系性影响力和在全球城市关系网络中的地位。

四、建设高效便捷、互联互通的交通体系

全球顶级城市的优势在于它们都致力于建设互联互通的交通运输条件，保持城市作为交通运输枢纽的中心地位。伦敦、纽约等城市重视交通基础设施的改造，多次对机场、海港等设施进行维护和完善。值得注意的是，伦敦、纽约、巴黎和东京的共性在于，它们不仅是国际交通中心，而且是连接国内区域城市的交通枢纽。例如，纽约市重视通过"区域协同发展"式思路来扩展其交通互联的深度。在其面向2050年的城市发展规划中，纽约市计划通过定期召开"邻近城市地方规划领导会议"的方式实现纽约及其周边城市的区域交通互联，进而为纽约市的国际人员、物资交往提供更广泛和便捷的腹地。巴黎、东京等城市都拥有发达的地下铁路运输系统。地铁与发达完善的周边高速公路网络、城市内高架路网络、轨道交通横贯线一起组成了维系城市正常运转的血管。便捷高效的交通体系不仅推动了这些城市对外交往经济方面因素的发展，也加深了城市之间的要素交流和联结，为城市关系性影响力的提高奠定了硬件基础。

五、吸引和集聚创新人才，提升城市的创新能力

城市的全球影响力发挥植根于持续的创新，创新是指创造新思想、新方法、新产品和新技术的能力。创新归根到底来源于人的创造力，因而一个城市

的创新能力最重要的是其吸引和集聚创新人群的能力。在城市排名的指标体系中，人力资本一项反映的其实是城市的创新潜力与能力，而非仅仅是一个经济指标。伦敦、纽约、巴黎、东京这四个城市无一例外地采取了强力措施，增强其人力资本和提升创新能力。其主要做法包括：第一，教育和培训本地居民，在教育、培训、技术学校方面增加投资；第二，吸引国外的移民和国际学生，伦敦和纽约在此方面极为成功；第三，创造好的生活环境以吸引高端人才，如工程师和科学家等，巴黎和东京在此方面相当出色。城市创新能力的提高既可以为城市发展经济方面的要素开辟新的发展空间，也在全球城市关系性影响力的建构中带来了新的联系和增长点。

六、重视主场外交和城市外交

主办主场外交和城市外交是顶级全球城市发挥全球影响力和塑造国际形象的重要方式。伦敦、巴黎、纽约和东京在其各个历史发展阶段都十分重视主场外交和城市外交的开展，通过主场外交和城市外交设置国际议题、召开国际会议、达成国际间合作。作为政治中心的地位使得这些城市在此方面具有独一无二的优势。主场外交作为城市国际交往政治方面的重要组成部分，为关系性影响力的建构提供了平台，也为塑造性影响力的传播提供了契机。

七、打造标志性的文化符号，传播城市国际形象

塑造全球身份对于顶级全球城市十分重要，全球城市均通过积极的国际交往建立国际联系，传播城市形象。城市文化符号最能代表一座城市的文化。城市的对外交往和国际形象塑造必须有一个或一批具有推广价值的文化符号。伦敦、巴黎、纽约、东京均通过建设标志性的文化符号，塑造城市的全球身份，传播城市的国际形象。建设标志性的文化符号不仅是全球城市对外交往文化方面的重要部分，也为塑造性影响力建构中城市形象的传播带来了积极作用。

八、培育开放、包容、多元文化的城市精神

城市精神是指以城市为依托、以城市公共组织和居民为载体的群体认同感，反映共同价值取向和共同意志的一种城市意识形态。城市精神一旦形成，就以共同的价值取向规范人们的行为，在全社会形成共同的理想和精神支柱，营造良好的社会风气。享有开放、包容、多元文化的城市精神是顶级全球城市的共同特征，其核心是彰显为来自世界各地的人提供发展机会的精神标识。伦

敦、纽约、巴黎、东京都倡导开放包容的城市精神，提出打造平等、多样性和包容性的社区建设战略，并通过城市治理和文化活动进一步推广城市开放的包容性。作为亚洲城市的东京，也竭力塑造多元城市文化，呈现出传统与现代、日式与西式相互交融的特点。开放多元的城市精神是全球城市在社会方面因素的集中体现，包容性、开放性和多元性的市民社会及城市精神为全球城市塑造性影响力的提升提供了重要的社会基础。

九、增强国际交往韧性，适应全球变化

所谓全球城市的国际交往韧性，是指面对全球性变化和突发社会危机时，城市能够迅速反应、较快适应、动态反馈并维持发展的能力。伦敦、纽约、巴黎、东京等城市在适应全球变化方面具有很高的敏感性和适应性。在几个世纪的发展中，伦敦、巴黎和纽约都能保持其领先地位，主要是它们能够根据全球变化的新形势调整政策措施，适应新的变化，保持开放，而非抵制和将城市孤立于全球变化的大趋势之外。例如，纽约虽然一直是全球金融中心，但为了保持和稳固其地位，进入21世纪以来其提高和促进了自身在信息科技、媒体、会计、商业咨询等领域的专业化程度。近年来，伦敦、纽约、巴黎、东京等城市在可持续发展、绿色城市建设、智能城市建设和数字转型等领域都显示出全球性的引领作用。

十、以打造全球金融中心和文化中心为核心，集聚国际交往高端要素

集聚是城市建构全球影响力的结构性影响力的起点和基础。全球顶级城市显然都集聚了众多国际交往高端要素，但在具体领域上又做到了专业区分。值得注意的是，在聚焦和区分特色上，伦敦、巴黎、纽约和东京都是全球金融中心和文化中心，以金融和文化这两者区别其于其他著名国际交往城市，并通过打造全球金融和文化中心以集聚众多国际交往的高端要素，包括集聚国际组织和跨国企业总部、国际新闻媒体、新经济要素、文化创意人才等。伦敦在历史上就是世界金融中心，在发展进程中又通过进一步的产业升级和对投资的吸引巩固金融中心的地位。全球化时代以来，伦敦明确自身为"卓越的创新文化国际中心"，确立文化创意产业为城市的核心产业，吸引大量文化资源和创意人才汇聚伦敦。巴黎、纽约的做法与伦敦相似，而"后来者"东京也借鉴了伦敦、

巴黎和纽约以金融中心和文化中心为核心的国际交往路径，并制定了更加详细的政策规划。打造多种中心的过程就是制定规则、搭建机制并建构全球城市结构性影响力的过程，在这一过程中全球城市协调了各个方面因素的积极作用，并依托国际交往高端要素的集聚效应继续促进各个方面要素的发展。

  以上十个特点汇聚了伦敦等城市建构全球影响力的核心要素，构成了完整的体系，各个方面相辅相成和相互联系。在实践中，各个城市在集聚国际交往要素和发挥全球影响力方面所实施的政策措施有相似和相互仿效之处，虽然它们在推行这些政策的时机上与实施情况中各有千秋，但在不同的发展阶段上这些特点表现的方式体现出了一定的共性，即这些全球城市以核心因素为依托形成了影响力建构和发展的体系和路径，不同因素和影响力在不同角度和不同领域发挥作用，共同建构了全球城市的国际影响力。全球城市的发展历史是其全球影响力建构的背景，各个方面核心要素的共同作用是全球影响力建构的基础，关系性影响力和塑造性影响力是影响力建构的重要支撑，结构性影响力是成为全球城市并发挥全球影响力的最终目的。拥有了顶级影响力的城市所形成的集聚效应会继续促进各个核心要素的进一步发展，最终形成全球城市影响力建构的一个良性循环体系。